오르락내리락 온도를 바꾸는 열

만약 갑자기 열이 사라진다면?

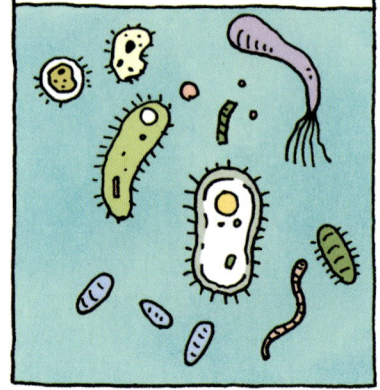

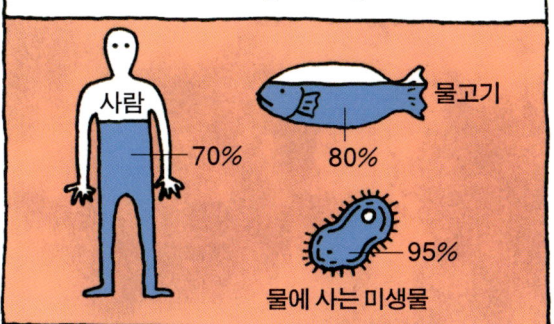

웅진주니어

야무진 과학씨 8 오르락내리락 온도를 바꾸는 열

초판 1쇄 발행 2011년 7월 26일 | **초판 26쇄 발행** 2024년 5월 16일

글 임수현 | **그림** 김명호 | **감수** 곽영진 | **기획** 아우라

발행인 이봉주 | **도서개발실장** 안경숙 | **편집** 아우라(김수현 이민화 이혜영 조승현), 이유선
디자인 퍼블릭디자인섬 | **마케팅** 정지운, 박현아, 원숙영, 김지윤, 황지영 | **제작** 신홍섭

펴낸곳 (주)웅진씽크빅 | **주소** 경기도 파주시 회동길 20 (우)10881
문의전화 (031)956-7403(편집), (031)956-7569, 7570(마케팅)
홈페이지 www.wjjunior.co.kr | **블로그** blog.naver.com/wj_junior | **페이스북** facebook.com/wjbook | **트위터** @new_wjjr
인스타그램 @woongjin_junior | **출판신고** 1980년 3월 29일 제406-2007-00046호 | **제조국** 대한민국 | **사용 연령** 7세 이상

글 ⓒ 임수현 2011(저작권자와 맺은 특약에 따라 검인을 생략합니다.)
ISBN 978-89-01-12630-2 74400 / 978-89-01-10292-4 (세트)

웅진주니어는 (주)웅진씽크빅의 유아·아동·청소년 도서 브랜드입니다.
이 책은 저작권법에 따라 보호받는 저작물이므로 무단전재와 무단복제를 금지하며
이 책 내용의 전부 또는 일부를 이용하려면 반드시 저작권자와 (주)웅진씽크빅의 서면 동의를 받아야 합니다.

잘못 만들어진 책은 바꾸어 드립니다.
※주의 1. 책 모서리가 날카로워 다칠 수 있으니 사람을 향해 던지거나 떨어뜨리지 마십시오.
        2. 보관 시 직사광선이나 습기 찬 곳은 피해 주십시오.
웅진주니어는 환경을 위해 콩기름 잉크를 사용합니다.

오르락내리락 온도를 바꾸는 열

글 임수현 그림 김명호 감수 곽영직

웅진주니어

야무진 과학씨, 열로 변신!

안녕? 이번에는 내가 마음이 따뜻한 열로 변신했단다.
내 이름은 바로 열렬이! 친구들과 눈싸움을 하다가 손이 시리면
내 이름을 부르며 두 손을 비벼 봐.
그럼 내가 나타나서 네 손을 따뜻하게 해 줄게.
나는 날 필요로 하면 어디든 나타나고, 못하는 일도 없어.
듣다 보니 나에 대해 궁금하지 않니?
지금부터 내가 무엇이고, 또 무슨 일을 하는지 함께 알아보자고!

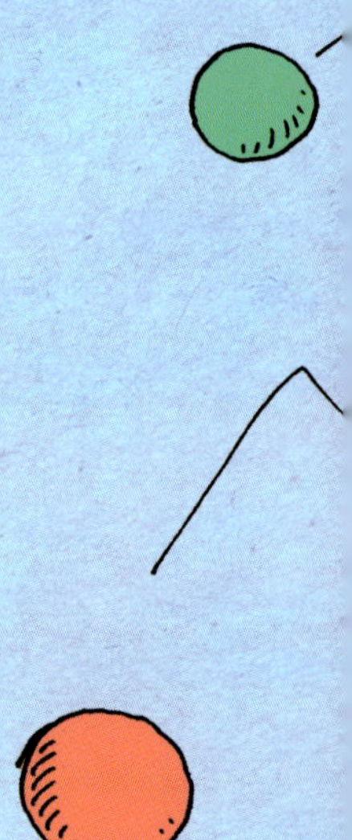

차례

열은 무엇일까?

16 _ 어디에나 있는 열

22 _ 분자들의 운동 에너지, 열

28 _ 열의 양을 재는 온도

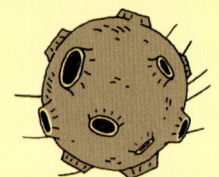

열은 어떻게 이동할까?

38 _ 이동하는 열

41 _ 열의 전도

48 _ 대류에 의한 열의 이동

54 _ 열의 복사

60 _ 열의 이동을 막는 방법

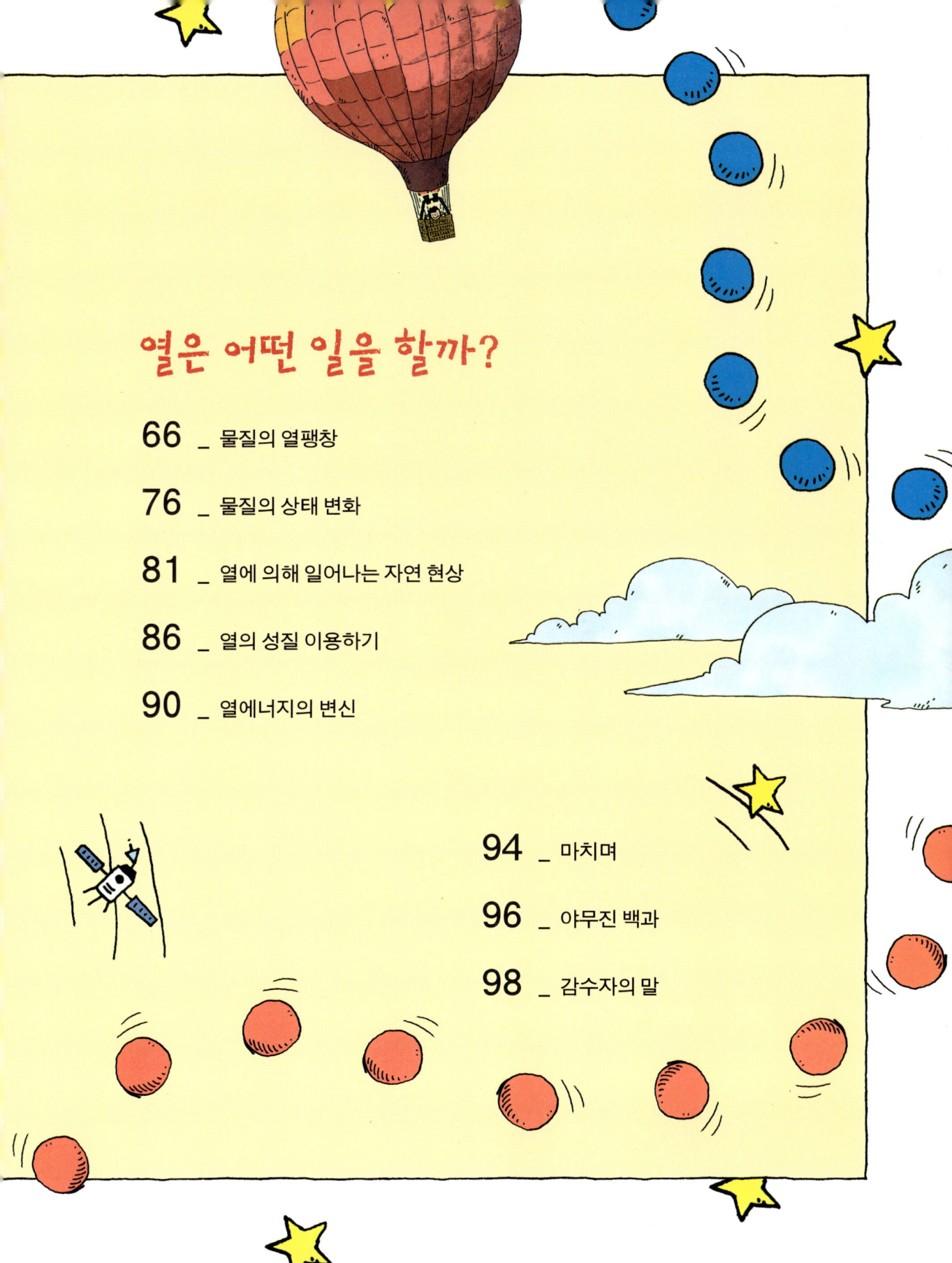

열은 어떤 일을 할까?

66 _ 물질의 열팽창

76 _ 물질의 상태 변화

81 _ 열에 의해 일어나는 자연 현상

86 _ 열의 성질 이용하기

90 _ 열에너지의 변신

94 _ 마치며

96 _ 야무진 백과

98 _ 감수자의 말

열은 무엇일까?

나는 언제나 네 주위에 있어. 텔레비전 속, 공부방 안,
거실, 부엌에도 있고, 네가 숨 쉬는 공기 속에도 있지.
사람들은 보통 열을 뜨겁고 더운 기운이라고 말해.
하지만 이 한마디로 내 모든 걸 설명하기는 힘들어.
열은 무엇이고, 너는 어떻게 열을 느끼는 걸까?

어디에나 있는 열

열은 사람들의 생활에 꼭 필요해. 열이 없으면 음식을 익히지 못할 테니 다양한 요리를 먹을 수 없고, 집을 따뜻하게 할 수도 없어서 너무 추울 거야. 더구나 사람은 체온이 일정해야 살 수 있는데, 만약 체온이 섭씨 35도보다 낮으면 죽을 수도 있지. 물론 사람에게만 열이 중요한 건 아니야. 지구의 모든 생물은 열이 없으면 살 수 없어.

이렇게 중요한 열은 네 주위 어디에든 있어. 한번 찾아볼래? 그래. 저기야, 저기. 엄마가 갓 구우신 맛있는 빵, 따뜻한 음식이 담긴 그릇, 켜 있는 텔레비전, 햇볕을 받아 따뜻해진 창문틀……. 이렇게 따뜻한 물체에는 우리 열이 있어. 나는 어디 있는지 궁금하지? 나는 지금 주전자 속에 있어. 가스 불로 주전자를 가열하고 있기 때문에 주전자 속 물의 온도가 올라가면서 우리 열도 많아지고 있어.

그런데 열이 꼭 따뜻한 물체에만 있는 건 아니야. 식어 버린 피자, 시원한 물, 심지어 기다란 고드름에도 우리 열이 있거든. 차가운 물체에 무슨 열이 있냐고? 그게 바로 사람들이 우리에 대해 가장 많이 하는 오해야. 이제부터 나와 함께 열에 대해 차근차근 알아보며 오해를 풀어 보자.

우리 열에 대해서 알려면 먼저 물질에 대해 알아야 해. 물질이 무엇인지 한번 생각해 볼래? 잘 모르겠다고? 좋아, 내 설명을 잘 들어봐. **물질**이란 물체를 이루는 재료야. 그럼 물체는 뭐냐고? **물체**는 어떤 용도로 쓰기 위해 만든 물건이야.

내가 문제 하나 내 볼게. 맞혀 봐. 연필이라는 물체를 이루는 물질은 무엇일까? 그래, 맞아. 연필을 이루는 물질은 나무와 흑연이야. 그럼 축구공을 이루는 물질은 무엇일까? 그건 바로 가죽과 공기이지. 물질이 무엇인지 이제 알겠니?

이번엔 물질이 무엇으로 이루어져 있는지 생각해 볼까? 그건 물질을 더 이상 나눌 수 없을 때까지 계속 잘게 쪼개어 보면 알 수 있어. 예를 들어 물을 나누고, 나누고, 또 나누면 더 이상 나눌 수 없는 아주 작은 알갱이가 돼. 이렇게 물질을 이루는 가장 작은 알갱이를 **원자**라고 하지. 물뿐만 아니라 세상의 모든 물질은 원자로 이루어져 있어.

그런데 원자가 모인다고 물질이 만들어지지는 않아. 원자들이 모여서 분자라는 알갱이를 만들고, 분자들이 모여야만 물질이 만들어져. **분자**는 물질의 성질을 가지는 가장 작은 알갱이야. 물의 성질을 가지는 가장 작은 알갱이는 물 분자, 산소의 성질을 가지는 가장 작은 알갱이는 산소 분자인 거지.

주전자 속에 든 물을 한번 들여다볼까? 어때, 수많은 물 분자들이 보이니? 마치 춤을 추듯 움직이고 있지? 물의 온도가 점점 높아지면서 물 분자들도 점점 더 활발하게 운동하고 있어. 사실 물과 같은 액체 상태의 분자뿐만 아니라 공기와 같은 기체 상태의 분자, 나무나 금속 같은 고체 상태의 분자도 운동하고 있지.

한마디로 말해 모든 물질의 분자들은 움직이고 있어.

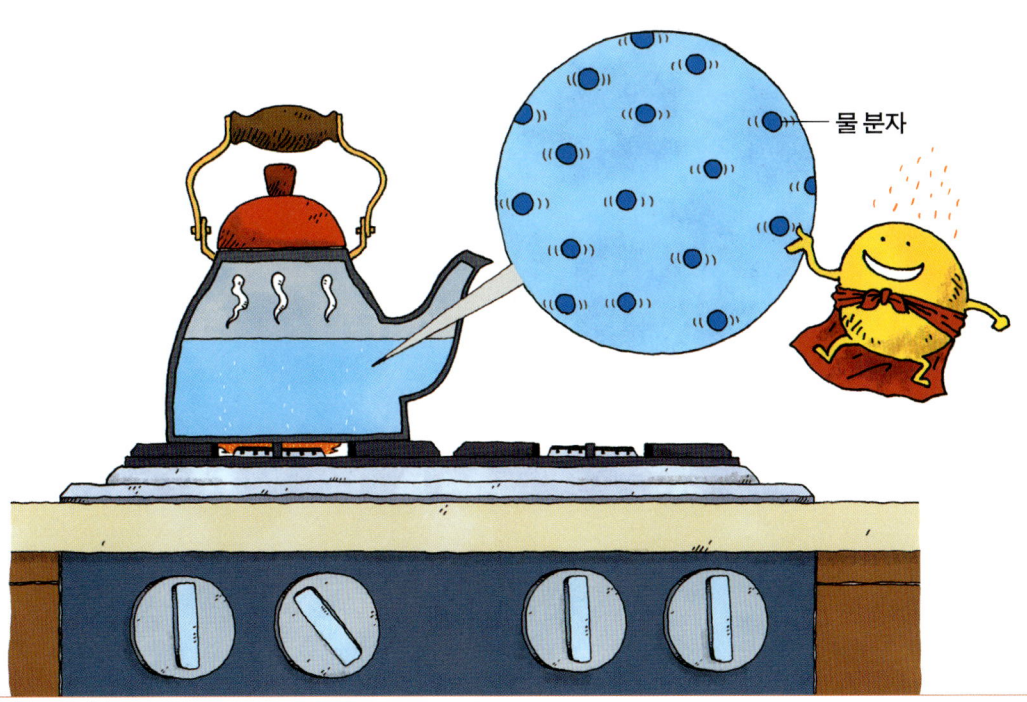

물 분자

참, 고체, 액체, 기체가 뭔지 알고 있지? 혹시 기억이 안 날 수 있으니까 간단히 얘기해 줄게. 고체, 액체, 기체는 물질의 상태를 나타내는 말이야. **고체** 상태인 물질은 얼음처럼 모양과 부피가 일정하고, **액체** 상태인 물질은 물처럼 부피는 일정하나, 모양은 일정하지 않아. 그리고 **기체** 상태인 물질은 수증기처럼 모양과 부피가 모두 일정하지 않지.

그런데 물질의 상태에 따라 분자가 운동하는 정도가 달라. 고체 상태에서는 분자들이 아주 가까이 모여 있고, 제자리에서만 운동을 해. 액체 상태에서는 분자들이 고체보다 조금 떨어져 있고, 고체보다는 활발히 운동하지. 짐작했겠지만, 기체 상태에서는 분자들이 서로 멀리 떨어져 있고, 아주 활발하게 움직여. 분자들 사이의 간격이 넓을수록 분자들이 활발하게 움직이고, 분자들이 활발히 움직일수록 분자들 사이는 더 멀어지지.

분자가 운동하는 것이 열과 무슨 상관이냐고? 이렇게 물질 속의 분자가 운동하는 힘, 즉 에너지가 바로 열이야. 모든 물질을 이루는 분자들은 운동을 하고 있으니까, 결국 모든 물질은 열을 가지고 있는 거지.

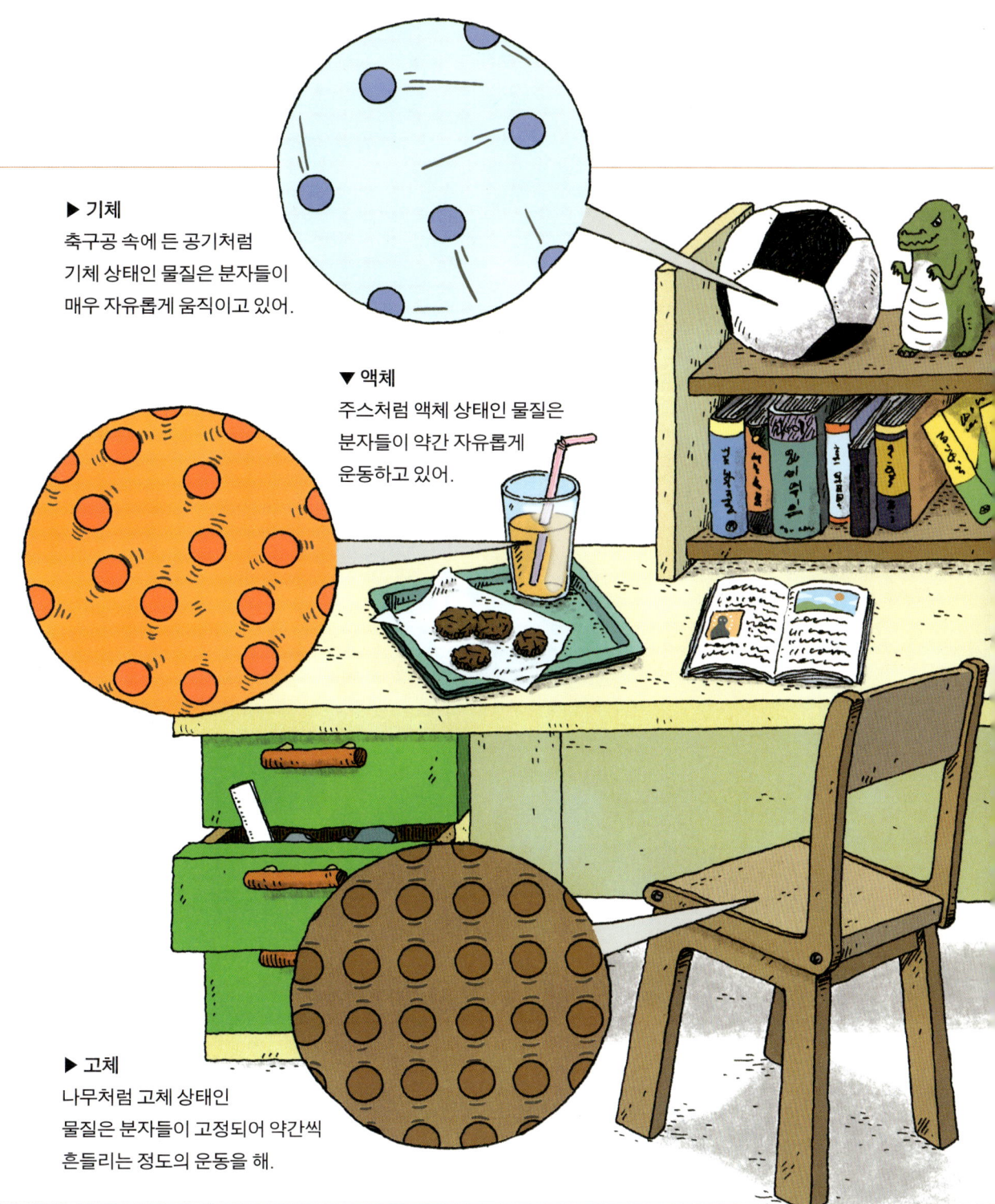

▶ 기체
축구공 속에 든 공기처럼 기체 상태인 물질은 분자들이 매우 자유롭게 움직이고 있어.

▼ 액체
주스처럼 액체 상태인 물질은 분자들이 약간 자유롭게 운동하고 있어.

▶ 고체
나무처럼 고체 상태인 물질은 분자들이 고정되어 약간씩 흔들리는 정도의 운동을 해.

분자들의 운동 에너지, 열

　과학자들은 물질의 온도가 섭씨 영하 273.15도가 되면 물질을 이루는 분자들이 운동을 멈춘다고 해. 그러니까 섭씨 영하 273.15도보다 온도가 높은 물질은 분자들이 계속 운동을 하고 있다는 말이지. 즉, 우리 열이 있다는 뜻이야.

　이건 너한테만 살짝 알려 주는 건데, 네가 살고 있는 지구에서는 자연적으로 섭씨 영하 273.15도가 될 수 없어. 지구에서 가장 추운 남극에서도 가장 낮은 기온이 섭씨 영하 89.6도 정도야. 그러니까 고드름이 아무리 차가워도 섭씨 영하 273.15도 근처에는 갈 수 없고, 고드름 분자들도 운동을 하고 있어. 따라서 지구에 있는 모든 물질은 우리 열을 가지고 있다고 생각하면 돼!

열은 물질 속의 분자들이 운동하면서 생기는 에너지로, 모든 물질은 열을 가지고 있어.

　내 이야기를 들을수록 우리 열의 정체가 뭔지 알쏭달쏭하지? 옛날 사람들도 그랬어. 사람들은 불을 발견한 이후 50만 년 동안 열을 이용했지만, 과학자들이 우리 열의 정체를 알아낸 것은 고작 170년밖에 안 되었거든. 여기서 잠깐 옛날에는 과학자들이 우리 열을 어떻게 생각했는지 들어 볼래?

럼퍼드가 열을 에너지라고 생각한 뒤, 50년쯤 지난 1847년에 영국의 과학자 줄은 실험을 통해 열이 에너지라는 것을 증명했어. 이때부터 사람들은 우리 열의 정체를 제대로 알게 되었지.

그런데 참 이상하지? 모든 물질에는 열이 있는데, 사람들은 왜 얼음에 있는 우리를 알아차리지 못할까? 그건 자기 피부보다 열이 많은 물체를 만지면 뜨겁게 느끼고, 열이 적은 물체를 만지면 차갑게 느끼기 때문이야.

모든 물질에는 열이 있지만, 그 양은 달라. 그건 물질마다 분자가 운동하는 속도가 달라서야. 분자가 빠르게 운동하면 열이 많이 생기고, 분자가 느리게 운동하면 열이 적게 생겨. 네가 빨리 달리면 열이 많이 나고, 천천히 걸으면 열이 거의 나지 않는 것과 비슷해.

물질을 이루는 분자들의 운동이 활발할수록 열이 많이 생기고, 분자들의 운동이 둔할수록 열이 적게 생겨.

네가 얼음을 만질 때 차갑게 느끼는 이유는 얼음보다 네 피부에 열이 더 많기 때문이야. 즉 얼음을 이루는 분자보다 네 피부를 이루는 분자가 더 활발하게 운동한다는 뜻이지. 반대로 방금 끓인 물이 담긴 컵을 만질 때 뜨겁게 느끼는 건 네 피부보다 컵에 열이 더 많기 때문이야. 이때는 컵을 이루는 분자들이 더 활발하게 운동해.

그런데 만약 사람의 체온이 섭씨 영하 50도라면 어떨까? 아마 넌 얼음을 만지며 뜨거워할 거야. 그건 네 피부보다 얼음에 열이 더 많기 때문이지. 그럼 물질에 열이 얼마나 많은지 어떻게 알 수 있을까?

피부를 이루는 분자가 눈을 이루는 분자보다 더 활발하게 운동해서 열을 더 많이 내.

열의 양을 재는 온도

네가 감기에 걸린 것 같다고 엄마께 말씀드리면 엄마가 어떻게 하시니? 먼저 이마를 손으로 짚어 보시지? 이건 네 몸에 열이 얼마나 많은지 알기 위해서야. 하지만 이 방법으로는 열이 얼마나 있는지 정확하게 알기 힘들어.

왜 그런지 간단한 실험으로 알아볼까?

손으로 열의 양 측정하기

더운물 미지근한 물 찬물

준비할 것이야.

더운물(약 섭씨 45도), 미지근한 물(약 섭씨 30도), 찬물(약 섭씨 10도), 그릇 3개

이렇게 해 봐.

1. 그릇 3개에 각각 더운물, 미지근한 물, 찬물을 같은 양만큼 담아.
2. 오른손은 더운물에, 왼손은 찬물에 담근 다음, 10초 동안 가만히 있어.
3. 두 손을 빼서 모두 미지근한 물에 넣어 봐.
4. 두 손의 느낌이 어떻게 다른지 비교해 봐.

더운물 미지근한 물 찬물

이렇게 될 거야.

오른손은 시원한 느낌이 들고, 왼손은 따뜻한 느낌이 들 거야. 두 손 모두 같은 온도의 미지근한 물에 넣었는데 말이지.

왜 이런 일이 일어날까?

오른손은 더운물 때문에 따뜻해졌어. 그래서 오른손을 미지근한 물에 넣었을 때 시원하다고 느끼지. 하지만 왼손은 반대야. 왼손은 찬물 때문에 차가워져서 미지근한 물에 넣었을 때 따뜻한 느낌이 들어. 그래서 물의 온도는 같지만 손에서 느끼는 정도가 다른 거야.

손으로 이마를 짚을 때도 마찬가지야. 손의 온도에 따라 느낌이 달라지지. 손이 따뜻하면 열을 조금 느끼고, 손이 차가우면 열을 많이 느끼게 돼. 이렇게 손으로 열을 측정하면 손의 온도에 따라 결과가 달라지니까 열의 양을 정확하게 측정할 수 없어.

그럼 어떻게 해야 열의 양을 정확하게 알 수 있을까?

열의 양은 온도를 재면 알 수 있어. 온도가 높으면 열이 많고, 온도가 낮으면 열이 적은 거야. 그럼 온도와 열은 같은 걸까? 아니, 온도와 열은 같지 않아. 열은 물질 속의 분자가 운동하는 에너지라고 했잖아. 그러나 **온도**는 차갑고 뜨거운 정도를 의미해. 다시 말해 분자의 운동 에너지를 숫자로 나타낸 거야.

찬물 따뜻한 물

찬물은 물 분자들이 느리게 움직이니까 열이 적고, 온도도 낮아.

따뜻한 물은 물 분자들이 빠르게 움직이니까 열이 많고, 온도도 높아.

물질을 이루는 분자들의 운동이 활발하면 열이 많아서 온도가 높아. 반대로 분자들의 운동이 느리면 열이 적어서 온도가 낮아.

사람들이 온도를 말할 때에 몇 '도'라고 이야기하지? 겨울철 실내 적정 온도는 섭씨 18~20도, 사람의 체온은 섭씨 36.5도 이렇게 말이야. 여기서 '도'는 온도의 단위인데, 온도의 단위는 한 가지가 아니라 여러 가지야. 섭씨온도, 화씨온도, 절대 온도 등이 있지.

네가 일상생활에서 쓰는 온도는 섭씨온도로, 스웨덴의 물리학자 셀시우스가 만든 거야. 단위는 셀시우스의 머리글자를 따서 ℃로 쓰고, '섭씨 몇 도' 이렇게 읽어. **섭씨온도**는 공기의 압력이 1기압일 때 물이 어는 온도를 0, 물이 끓는 온도를 100으로 하고 그 사이를 100등분한 온도야. 대한민국을 비롯하여 대부분의 나라에서 사용하는 온도 단위이지.

하지만 미국에서는 화씨온도를 사용해. **화씨온도**는 독일의 물리학자 파렌하이트가 만든 온도 단위로, 단위는 파렌하이트의 머리글자를 따서 ℉로 쓰고, '화씨 몇 도'로 읽어. 대한민국에서는 화씨온도를 쉽게 볼 수 없지만, 혹시 미국으로 여행 가면 필요할지도 모르니까 기억해 둬.

　마지막으로 과학에서 많이 사용하는 온도를 알려 줄게. 바로 절대 온도야. 켈빈 온도라고도 하지. 영국의 물리학자 켈빈이 정한 온도 단위로, 단위는 K로 쓰며 '켈빈'이라고 읽어. **절대 온도는 물질을 이루는 분자들의 운동 정도를 숫자로 나타낸 온도 단위야.** 분자의 운동이 완전히 멈춘 가장 낮은 온도를 0K라고 쓰고 '절대 온도 0도' 또는 '0 켈빈'이라고 읽는데, 0K는 섭씨 영하 273.15도와 같아.

앞에서 물질이 가질 수 있는 가장 낮은 온도라고 했던 섭씨 영하 273.15도가 바로 절대 온도 0도야. 기억하겠지만 절대 온도 0도에서는 분자가 운동하지 않으니까 열이 없어.

온도는 네 생활에 아주 중요해. 공기의 온도인 기온에 따라 옷차림이나 생활이 달라지거든. 기온이 낮으면 옷을 두껍게 입고, 기온이 높으면 옷을 얇게 입잖아. 그리고 기온에 따라 농사 짓기나 야외 활동도 달라지고. 그래서 사람들은 항상 온도에 관심을 가지지.

그러면 온도를 무엇으로 측정하는지 알고 있니? 그래, 맞았어. 똑똑한걸. 바로 온도계야. **온도계**는 온도를 측정하는 도구야.

네가 흔히 보아 온 것은 **알코올 온도계**로, 붉은색으로 물들인 알코올 기둥의 높이로 온도를 알 수 있어. 그런데 온도를 읽는 기둥이 붉은색이 아니라 은색인 온도계도 있어. 그것은 **수은 온도계**야. 사람들은 쓰임새에 따라 다양한 종류의 온도계를 사용해.

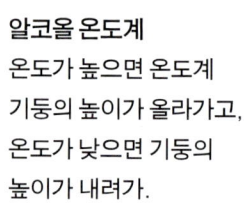

알코올 온도계
온도가 높으면 온도계 기둥의 높이가 올라가고, 온도가 낮으면 기둥의 높이가 내려가.

온도계의 눈금을 읽을 때는 눈금과 눈의 높이가 수평이 되도록 해야 해.

온도계의 종류

용광로

광고온계
섭씨 700도가 넘거나 온도계를 직접 넣어 볼 수 없는 물체의 온도를 잴 때 사용해. 섭씨 700~2500도의 온도를 잴 수 있고, 용광로처럼 뜨거운 곳의 온도를 멀리 떨어져서 잴 수 있어.

지중 온도계
땅속의 온도를 잴 수 있게 온도계의 둥근 부분이 구부러져 있어. 농업에 많이 쓰이고, 수도관이 얼거나 땅이 어는 것을 방지하기 위해서도 쓰여.

복사 온도계
물질을 이루는 분자가 운동할 때 나오는 적외선의 양을 측정하여 온도를 알아내. 공항 등에서 몸에 직접 온도계를 대지 않고 체온을 잴 때 사용해.

열은 어떻게 이동할까?

따뜻한 물에 온도계를 담그면 온도계의 기둥이 점점 위로 올라가.
그건 따뜻한 물에 있는 열이 온도계로 이동했기 때문이지.
열은 어떻게 이동할까? 또 어디까지 갈 수 있을까?

이동하는 열

주전자의 물이 끓고 있어. 섭씨 100도가 되었다는 얘기야. 나는 이제 어디론가 가야 해. 나는 주전자의 물보다 온도가 낮은 곳으로 갈 거야. 열은 항상 온도가 높은 곳에서 낮은 곳으로 이동하거든. 열은 지금 있는 곳보다 온도가 높은 곳으로는 절대 가지 않아. 낮은 곳의 물이 높은 곳으로 흐르지 않는 것처럼 말이야.

그럼 우리는 언제까지 이동할까? 물이 높은 곳에서 낮은 곳으로 흐르다가 높이의 차이가 없어지면 더 이상 흐르지 않고 멈추잖아. 우리도 마찬가지야. 온도가 높은 곳에서 낮은 곳으로 이동하다 보면 온도가 높은 곳은 온도가 낮아지고, 온도가 낮은 곳은 온도가 높아져. 그러다 두 곳의 온도가 같아지는 순간이 생기지. 이런 상태를 열평형이라고 해. **열평형**에 이르면 두 곳의 온도가 같아지므로 더 이상 우리 열은 이동하지 않아.

온도가 다른 두 물체가 맞닿으면 온도가 높은 곳에서 낮은 곳으로 열이 이동해. 그러다가 열평형에 이르면 더 이상 열이 이동하지 않아.

뜨거운 물이 담긴 컵을 가만히 놓아두었을 때를 생각해 봐. 시간이 흐르면서 뜨거운 물이 차가워지지? 그건 뜨거운 물에 있던 열이

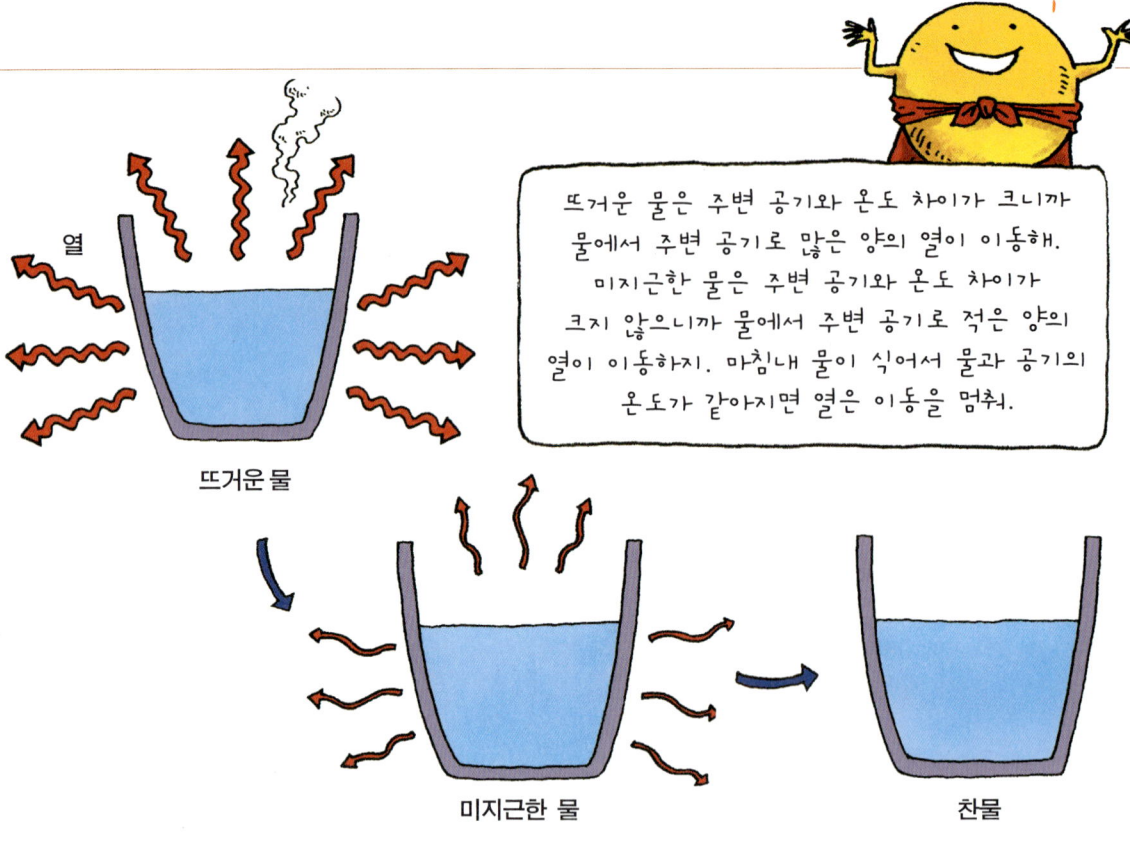

뜨거운 물은 주변 공기와 온도 차이가 크니까 물에서 주변 공기로 많은 양의 열이 이동해. 미지근한 물은 주변 공기와 온도 차이가 크지 않으니까 물에서 주변 공기로 적은 양의 열이 이동하지. 마침내 물이 식어서 물과 공기의 온도가 같아지면 열은 이동을 멈춰.

주변의 차가운 공기로 이동했기 때문이야. 열이 이동할수록 컵에 담긴 물의 온도는 점점 낮아지고, 주변 공기의 온도는 점점 높아지지. 그러다가 물과 공기의 온도가 같아지면 우리는 이동을 멈춰.

그런데 우리 열이 어떤 방법으로 이동하는지 알고 있니? 우리는 바로 전도, 대류, 복사, 이렇게 3가지 방법으로 이동해. 그럼 먼저 전도가 무엇인지 알려 줄게.

열의 전도

엄마가 냄비에 찌개를 끓이시는 걸 본 적 있지? 냄비를 가스 불로 가열하면 냄비가 뜨거워지기 시작하다가 나중에는 손을 대지 못할 정도로 뚜껑까지 뜨거워져. 분명히 냄비 바닥을 가열했는데 어떻게 뚜껑이 뜨거워졌을까?

그 이유는 열이 냄비 바닥에서부터 냄비 뚜껑까지 전달되었기 때문이야. 가스 불로 냄비 바닥을 가열하면, 우리 열은 냄비 바닥에서 냄비 옆면으로, 그리고 다시 냄비 뚜껑으로 전달돼. 이렇게 가열한 곳에서부터 옆으로, 옆으로 차근차근 열이 전달되는 현상을 **전도**라고 해.

모든 물질 속의 분자들이 운동한다고 얘기한 거 기억하지? 고체 상태의 분자들은 액체 상태나 기체 상태의 분자들보다 서로 가깝게 붙어 있고, 아주 조금씩 움직이고 있어. 그래서 분자들의 운동이 옆으로 전달되기 쉽고, 열도 옆으로 전달되기 쉬워.

41

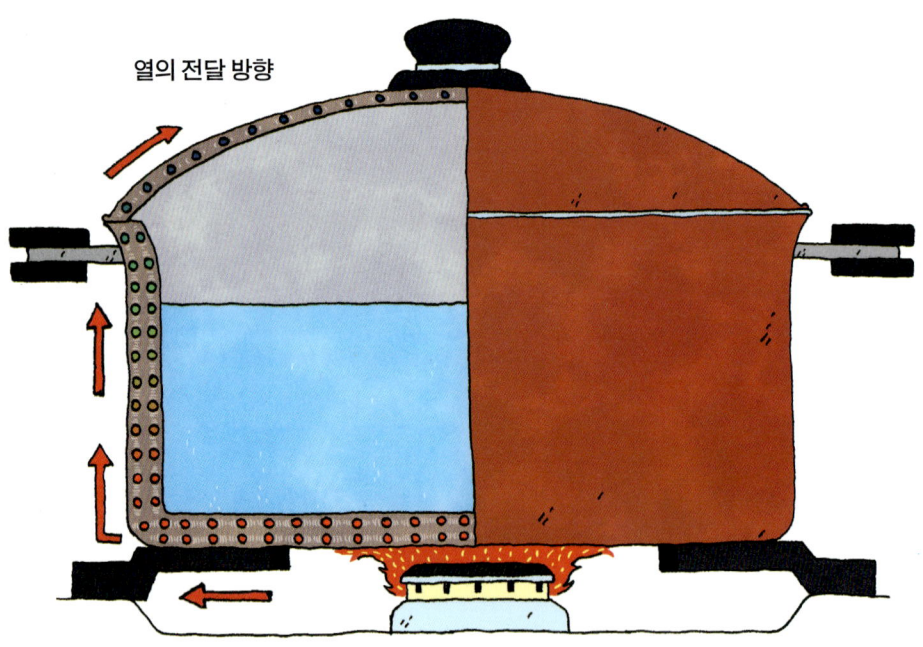

냄비 바닥의 가운데를 가열하면, 열을 받은 냄비 속의 분자가 활발하게 운동하고 이 움직임은 바로 옆에 있는 분자에게 전달돼. 분자의 운동은 옆에서 옆으로 전달되고, 분자의 운동을 따라 열도 전달되지.
그래서 열은 냄비 바닥 → 냄비 옆면 → 냄비 뚜껑으로 이동하는 거야.

　열이 전도되는 과정을 좀 더 자세히 설명해 줄게. 고체 물질의 한쪽을 가열하면 열을 받은 부분의 분자들이 활발하게 움직이기 시작해. 그리고 열을 많이 받을수록 분자들은 더 활발하게 움직이지. 활발하게 움직이던 분자는 옆에 있는 분자와 부딪쳐. 그러니까 옆의 분자를 툭 치는 거야. 그러면 옆에 있는 분자는 그 움직임을 전달받아 운동이 활발해져. 그러다가 그 옆에 있는 다른 분자와 부딪치면 그 옆의 다른 분자도 움직임을 전달받아 운동이 활발해지게 돼. 이러한 과정이 계속되면서 분자의 운동이 옆으로 전달되는 거야.

물질의 이동 없이 열이 옆으로 차례차례 전달되는 현상이 바로 전도야. 금속처럼 단단한 고체 상태의 물질에서는 전도에 의해 열이 전달돼.

그런데 고체 상태인 물질은 종류에 따라 열이 전도되는 정도가 달라. 열을 빨리 전도하는 것도 있지만, 느리게 전도하는 것도 있지.

쇠젓가락, 플라스틱 젓가락, 나무젓가락을 뜨거운 물에 2분 정도 담갔다 만져 보면 어떻게 될까? 쇠젓가락이 가장 뜨겁고, 플라스틱 젓가락은 조금 뜨거워. 그리고 나무젓가락은 따뜻한 느낌이 거의 없어. 그건 금속은 열을 잘 전달하지만, 플라스틱과 나무는 열을 잘 전달하지 못하기 때문이야.

금속에서는 열이 빠르게 이동하지만, 나무와 플라스틱에서는 열이 느리게 이동해.

은, 구리, 알루미늄 같은 금속에서는 열이 잘 전도되고, 유리, 고무, 나무, 플라스틱 같은 물질에서는 열이 잘 전도되지 않아.

이렇게 물질마다 열이 전도되는 정도가 다르니까 정확하게 비교하려면 열전도율을 이용하는 게 좋아. **열전도율**은 열이 전도되는 정도를 숫자로 나타낸 거야. 열이 잘 전도되는 금속은 열전도율이 높고, 열이 잘 전도되지 못하는 나무와 플라스틱은 열전도율이 낮지.

물질의 열전도율 (섭씨 20도일 때, 단위 : J/m·sec·℃)			
물질	열전도율	물질	열전도율
은	420	체지방	0.20
구리	390	참나무	0.15
알루미늄	240	플라스틱	0.03
철	79	공기	0.0256
스테인리스강	14	거위 털	0.025
유리	0.80	스티로폼	0.010

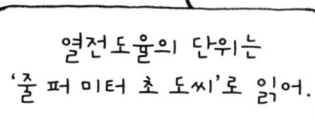

열전도율의 단위는 '줄 퍼 미터 초 도씨'로 읽어.

사람들은 참 똑똑한 거 같아. 열전도율을 이용해서 여러 도구를 만들었거든. 뭐가 있는지 생각해 볼래? 그래, 맞아! 프라이팬. 프라이팬은 불 위에 얹어서 음식을 요리할 때 사용하는 도구잖아. 프라이팬에서 음식을 익히는 동그란 부분은 금속처럼 열전도율이 높은 물질로 만들어야 해. 열이 잘 전도되지 않으면 음식을 익히기 어려울 테니까.

하지만 프라이팬의 손잡이는 열전도율이 낮은 물질로 만들어야 해. 열이 잘 전도되는 물질로 손잡이를 만들면 금세 뜨거워져 손에 화상을 입을 테니까 말이야. 그러니까 프라이팬의 손잡이는 열전도율이 낮고, 열에 강한 물질을 이용하는 게 좋겠지?

그런데 열전도율이 높은 물질은 빨리 뜨거워지는 만큼 빨리 식어. 그래서 열을 식힐 때도 쓰이지. 컴퓨터 속에 들어 있는 방열판이 그 예야. 컴퓨터의 전원을 켜면 컴퓨터 속의 여러 기계 장치들은 금세 뜨거워져. 이때 열전도율이 높은 금속으로 만든 방열판이 열을 재빨리 밖으로 내보내어 컴퓨터 속을 식혀 줘.

이 밖에도 네 주위에는 고체의 열전도율을 이용한 도구들이 많단다. 한번 찾아볼래?

열전도율을 이용한 도구들

◀ 오븐 쟁반과 과자 틀
스테인리스강으로 만들어 열전도율이 높아. 오븐 안의 열이 빨리 전달되어 과자가 고르게 잘 구워지지.

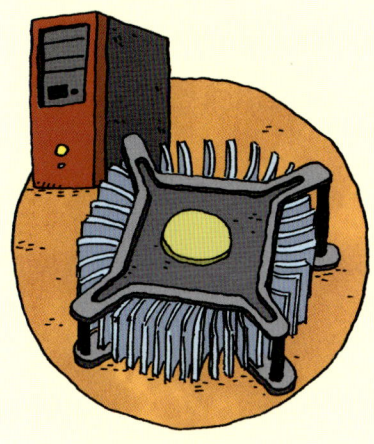

▲ 컴퓨터 속의 방열판
구리나 알루미늄으로 만들어 열을 빠르게 바깥으로 내보내. 넓은 부채 모양이라 더 빨리 열을 전달할 수 있어.

▲ 주방 장갑
열전도율이 낮은 옷감 속에 솜이 들어 있어 뜨거운 것을 쉽게 잡을 수 있어.

◀ 컵 싸개
열전도율이 낮은 골판지로 되어 있고, 골판지 틈에 공기가 들어 있어 열이 잘 전도되지 않아.

▲ 프라이팬
요리하는 부분은 금속으로, 손잡이는 나무나 플라스틱으로 만들어.

◀ 다리미
밑판은 열전도율이 높은 금속으로 만들어. 그러나 손으로 잡는 부분은 열전도율이 낮은 플라스틱을 사용해.

대류에 의한 열의 이동

따뜻한 공기

지금 나는 거실에 있어. 엇, 그런데 따뜻한 공기가 올라오면서 내가 있는 공기를 밀어 올리고 있잖아. 이게 어찌 된 일일까?

이건 공기가 전기난로에 의해 데워져서 생긴 일이야. 기체 물질은 따뜻해지면 가벼워져 위로 올라가고, 차가워지면 무거워져 아래로 내려오면서 열을 전달해. 이러한 열의 전달 방법을 **대류**라고 하지.

거실에서 일어나는 대류 현상을 좀 더 자세히 살펴보면 이래. 전기난로가 열을 내면 난로 주변의 공기가 데워지면서 공기 분자들이 활발하게 운동하기 시작해. 공기 분자들이 활발하게 움직일수록 차지하고 있는 공간은 더 넓어지지. 그러면 일정한 공간 안에 들어 있는 공기 분자의 수가 줄어들어 공기가 가벼워지면서 위로 올라가게 되는 거야.

이렇게 따뜻한 공기가 가벼워서 위로 올라가면 위쪽

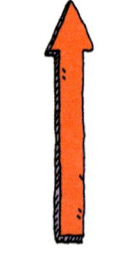
공기의 움직임

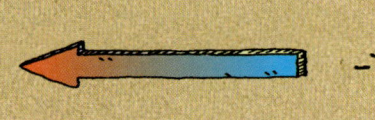

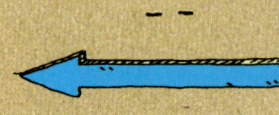

에 있던 찬 공기는 밀려서 아래로 내려와. 그건 따뜻한 공기보다 찬 공기가 더 무겁기 때문이야. 찬 공기의 분자들은 따뜻한 공기의 분자들보다 움직임이 느려. 그래서 따뜻한 공기보다 차지하고 있는 공간이 좁고, 일정한 공간 안에 들어 있는 공기 분자의 수가 많아. 그러니까 찬 공기가 따뜻한 공기보다 무거운 거야.

따뜻한 공기와 찬 공기가 서로 자리를 바꾸는 동안 거실의 공기는 빙글빙글 돌아가게 돼. 거실 전체의 기온이 같아질 때까지 공기는 계속 순환하고, 공기를 따라 열도 더운 곳에서 추운 곳으로 이동하지. 이러한 공기의 흐름을 통해 열은 전기난로에서 방 전체로 퍼져 나가.

이런 대류 현상은 기체뿐만 아니라 액체에서도 일어난단다. 차가운 액체가 어떻게 움직이는지 실험을 통해 알아볼까?

찬 공기

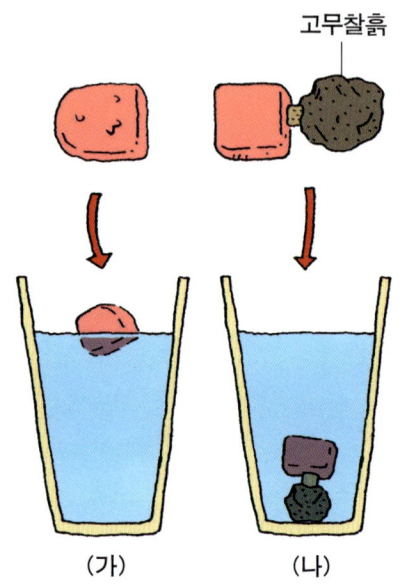

(가)   (나)

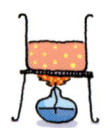 **차가운 액체의 움직임 확인하기**

준비할 것이야.

색깔이 진한 아이스바, 긴 유리컵 2개, 수돗물, 고무찰흙, 칼

이렇게 해 봐.

1. 긴 유리컵 2개에 수돗물을 각각 3/4 정도 담아.

2. 아이스바의 중간 부분을 잘라 2개로 나누고, 한쪽의 아이스바 막대기에는 고무찰흙을 붙여서 무겁게 만들어 줘.

3. 물이 담긴 유리컵에 자른 아이스바 2개를 각각 넣어.

4. 아이스바만 있는 것은 물에 살짝 내려놓아 떠 있게 하고, 막대기에 고무찰흙을 붙인 것은 바닥에 가라앉게 해.

5. 각각의 아이스바가 녹으면서 어떻게 되는지 관찰해.

이렇게 될 거야.

(가)는 아이스바가 녹은 물이 컵 아래쪽으로 퍼져 내리고, (나)는 아이스바가 녹은 물이 컵 바닥 쪽에 고이지.

왜 이런 일이 일어날까?

바로 차가운 액체는 무거워서 아래로 내려오기 때문이야. 아이스바가 녹은 물은 컵에 담긴 물보다 온도가 낮아. 그러니까 녹은 아이스바 속의 물 분자들은 컵에 담긴 물 분자들보다 움직임이 적고, 분자들 사이의 간격이 좁아. 그래서 아이스바가 녹은 물은 컵에 담긴 물보다 일정한 공간 안에 들어 있는 물 분자의 수가 더 많지. 이렇게 물 분자의 수가 많으면 더 무겁기 때문에 아이스바가 녹은 물이 아래로 내려오는 거야.

　이러한 현상 때문에 대류가 일어나서 우리 열이 전달될 수 있어.

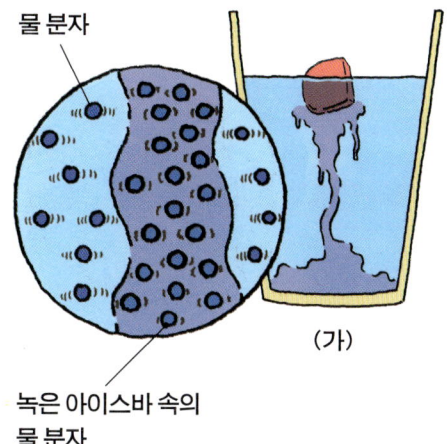

(가)

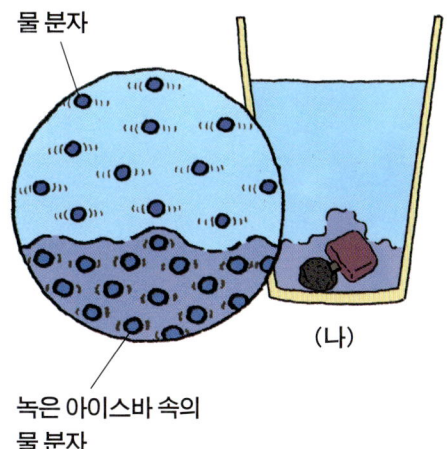

(나)

액체에서의 대류 현상 역시 기체의 대류 현상과 같아. 물을 가열하면 열을 받은 부분의 물 분자들이 활발하게 운동하기 시작해. 따뜻한 물은 가벼워져 위로 올라간 뒤 옆으로 움직여. 그럼 위쪽에 있던 찬물은 따뜻한 물보다 물 분자들의 운동이 느리기 때문에 무거워서 아래로 내려오게 되지. 물은 온도가 같아질 때까지 계속 위아래로 움직이며 우리 열을 전달해.

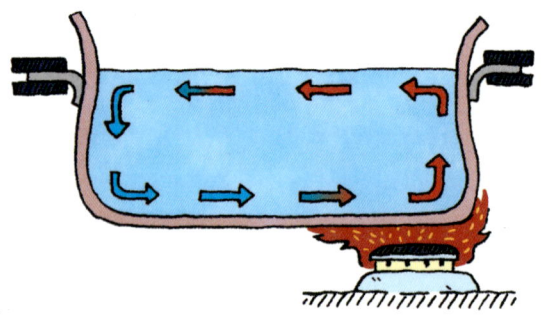

가장자리를 가열할 때
데워진 물이 가벼워져 위로 올라가면 위쪽의 찬물은 무거워서 아래로 내려와. 물은 위아래로 넓게 움직이면서 열을 전달해.

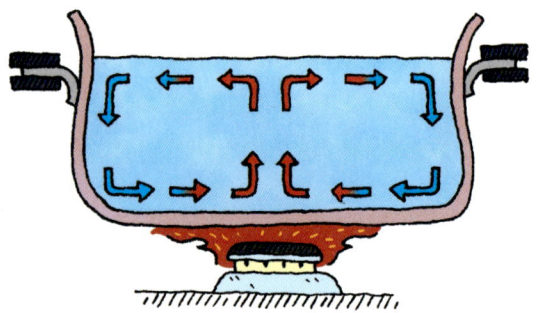

가운데를 가열할 때
데워진 물이 가벼워져 위로 올라가면 양옆으로 움직이고, 위쪽의 찬물은 양쪽 가장자리로 밀려서 아래로 내려와. 물이 가운데를 중심으로 양쪽으로 나뉘어 움직이며 열을 전달해.

정리해 보면, 대류란 따뜻한 물질은 가벼워서 위로 올라가고, 차가운 물질은 무거워서 아래로 내려오며 열이 전달되는 현상이야. 흐를 수 있는 액체와 기체에서 일어나는 열의 전달 방법이지.

전도와 대류의 차이점을 잠깐 비교해 볼까? 전도는 주로 고체 상태인 물질에서 일어나며, 분자들 사이에서 우리가 이동하는 방법이야. 하지만 액체와 기체 상태인 물질은 분자들이 서로 멀리 떨어져 있기 때문에 전도에 의해 열이 전달되기 어려워. 그래서 액체와 기체 상태인 물질에서는 움직이는 액체와 기체 물질을 타고 우리 열이 이동해.

그런데 만약 고체 상태든, 액체나 기체 상태든 전달하는 물질이 없으면 우리 열은 어떻게 이동할까? 이번에는 중간에 전달하는 물질이 없을 때 어떻게 열이 전달되는지 알려 줄게. 찬 공기를 타고 아래로 내려가 보자. 휘익~

열의 복사

여름 한낮에 햇볕이 쨍쨍 내리쬘 때 운동장에 있는 철봉을 만져 본 적 있니? 아마 뜨거워서 깜짝 놀랐을 거야. 철봉뿐만이 아니야. 주차된 자동차를 살짝 만져 봐도 엄청나게 뜨거워. 어떻게 철봉과 자동차 표면이 뜨거워졌을까? 그건 바로 태양 때문이야. 햇볕을 받으면 모든 것이 뜨거워져.

태양은 표면의 온도가 약 섭씨 6000도로 매우 뜨거워. 하지만 지구와 약 1억 5천만 킬로미터나 떨어져 있지. 어떻게 태양에서 나온 열이 지구까지 전달되는 걸까? 우주 공간, 즉 태양과 지구 사이에는 우리를 전달해 주는 고체, 액체, 기체 상태의 물질이 없기 때문에 태양열은 특별한 방법으로 이동해. 바로 태양열이 빛의 형태로 직접 우

주 공간을 날아오는 거야. 이렇게 빛으로 열이 전달되는 방법을 **복사**라고 해.

그럼 복사를 설명하기 전에 먼저 빛에 대해 간단히 알아볼까? 빛에는 여러 종류가 있어. 눈에 보이는 빛도 있고, 눈에 보이지 않는 빛도 있지. 눈에 보이는 빛은 **가시광선**이라고 부르는데, 빨강, 주황, 노랑, 초록 따위의 여러 색깔의 빛이 섞여 있어. 그리고 눈에 보이지 않는 빛에는 **적외선**과 **자외선** 따위가 있어.

모든 물체는 온도에 따라 서로 다른 빛을 내고 있어. 온도가 높은 물체에서는 가시광선이 나와. 쇠를 달구면 처음에는 변화가 없다가 어느 정도 뜨거워진 뒤에는 어두운 곳에서도 빨갛게 빛을 내는 걸 보

면 알 수 있지. 사람이나 동물의 몸처럼 온도가 낮은 물체에서는 적외선이 나오고, 태양처럼 온도가 아주 높은 물체에서는 자외선이 나와. 이렇게 열이 나는 물체는 빛을 내고, 그 빛을 통해 뜨거운 물체에서 차가운 물체로 직접 열이 전달되는 거야.

태양열뿐만 아니라 전기난로에서 나오는 열도 복사에 의해 전달돼. 전기난로를 거실 구석에 켜 두었을 때 거실의 공기가 훈훈해졌잖아? 그건 전기난로에서 나온 우리 열이 공기의 대류를 통해 거실 전체로 퍼졌기 때문이야.

하지만 전기난로 바로 앞에서 손을 펴고 열을 쬐어 볼래? 조금 있으면 손바닥이 뜨거워지지? 이것도 대류에 의해서 우리가 이동했기 때문일까? 거실의 공기가 훈훈해진 건 주로 대류 때문이지만, 손바닥이 뜨거워진 건 대류 때문이 아냐. 공기 분자들이 전달하는 열은 손바닥을 빨갛게 만들 정도로 뜨겁지 않거든.

전기난로에서 나온 열은 복사에 의해 전달돼. 열이 빛의 형태로 전기난로에서 네 손바닥으로 직접 이동한 거야.

너와 전기난로 사이에 두꺼운 종이를 두어 전기난로의 빛을 막으면 어떻게 될까? 그럼 따뜻함도 사라질 거야. 빛을 막으면 빛의 형태로 이동하던 열도 막게 되니까 우리가 너에게 이동할 수 없게 돼.

　생각해 보면 넌 운이 참 좋은 것 같아. 만약 네가 지구가 아닌 다른 행성에 살았다면 태양열이 복사에 의해 전달되어도 살기 힘들었을 테니까. 무슨 말인지 궁금하지?

둥근 공 모양의 태양은 사방으로 빛과 열을 뿜어내므로 태양과 가까울수록 태양열이 더 강해. 그래서 태양과 가까이 있는 행성은 너무 더워서 생물이 살 수 없어. 그러나 태양에서 멀리 떨어진 행성은 그 반대야. 태양열을 거의 받지 못하기 때문에 너무 추워서 생물이 살기 어렵지. 지구는 태양과 적당하게 떨어져 있어서 태양열도 적당히 받기 때문에 생물이 살 수 있는 거야.

어때? 네가 지구에서 살고 있는 게 정말 다행스럽지 않니?

열의 이동을 막는 방법

온도가 다른 두 물체가 맞닿으면 온도가 높은 곳에서 낮은 곳으로 우리 열이 이동한다는 것을 아직 기억하지? 그런데 우리가 너무 빨리 이동해서 불편했던 적은 없었니? 아마 따뜻한 코코아가 너무 빨리 식거나, 아이스크림이 너무 빨리 녹아 버린 경험이 한두 번은 있었을 거야.

이처럼 우리가 이동하는 것이 사람들에게 불편할 때도 있어. 그래서 사람들은 열이 이동하지 않도록 꼭꼭 가두는 단열 방법을 생각해 냈지. **단열**이란 온도가 다른 물체 사이에서 열이 잘 이동하지 않도록 하는 거야.

네가 주변에서 쉽게 볼 수 있는 단열 장치는 바로 보온병이야. 보온병은 안에 든 음료의 온도를 오랫동안 유지할 수 있게 만든 거야. 보온병을 보면 여러 가지 단열 장치를 찾을 수 있어. 보온병을 찬찬히 살펴볼까? 우선 보온병의 마개를 봐. 보온병의 마개는 고무와 플라스틱으로 되어 있어. 고무와 플라스틱은 열전도율이 낮아서 열의 전도가 잘 일어나지 않기 때문에 열의 전달을 막을 수 있어.

그리고 벽은 이중으로 되어 있지. 즉, 두 겹으로 되어 있다는 얘기야. 눈으로 관찰하기는 어렵지만, 오른쪽 그림을 보면 쉽게 알 수 있어. 게다가 보온병의 안쪽 벽과 바깥쪽 벽 사이는 진공 상태로, 아무 물질도 들어 있지 않아. 그래서 보온병 안과 밖 사이에서 전도와 대류 모두 일어날 수 없지. 이중벽 역시 열의 전달을 막는 단열 장치야.

그리고 하나 더! 보온병의 안쪽을 봐. 안쪽 표면이 반짝거리지? 반짝이는 면은 빛을 반사하므로, 복사에 의해 열이 바깥으로 전달되는 것을 막아 줘. 어때? 간단해 보이는 보온병에 이렇게 많은 단열 장치가 숨어 있다니, 놀랍지 않니?

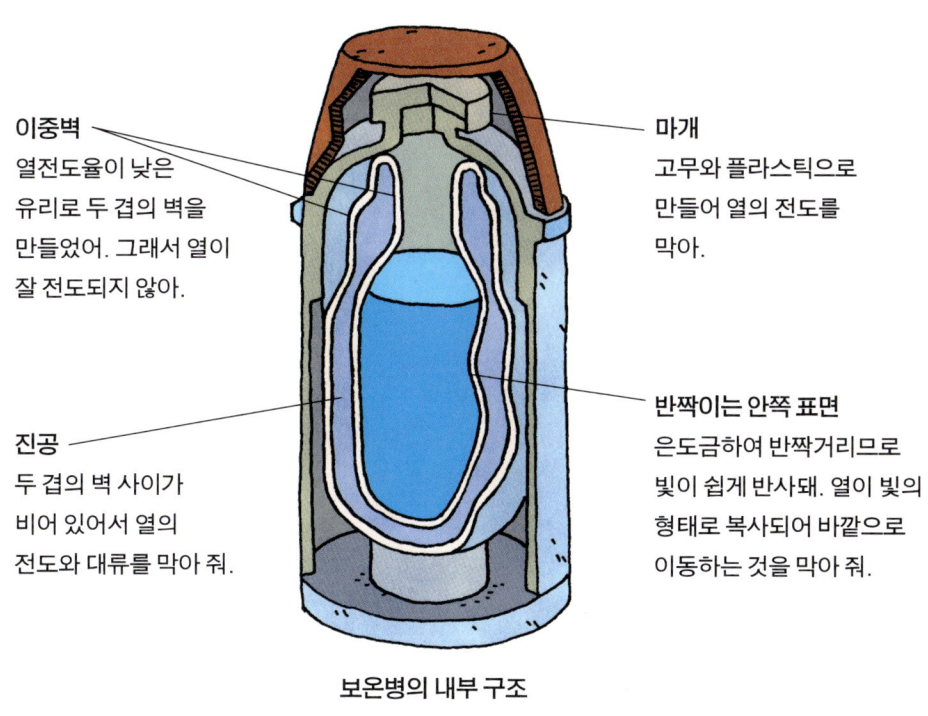

이중벽
열전도율이 낮은 유리로 두 겹의 벽을 만들었어. 그래서 열이 잘 전도되지 않아.

마개
고무와 플라스틱으로 만들어 열의 전도를 막아.

진공
두 겹의 벽 사이가 비어 있어서 열의 전도와 대류를 막아 줘.

반짝이는 안쪽 표면
은도금하여 반짝거리므로 빛이 쉽게 반사돼. 열이 빛의 형태로 복사되어 바깥으로 이동하는 것을 막아 줘.

보온병의 내부 구조

사람들은 생활 속에서 많은 단열 장치를 사용해. 특히 집을 지을 때는 단열이 아주 중요해. 여름에는 바깥의 더운 열이 집 안으로 들어오지 않도록 하고, 겨울에는 집 안의 열이 바깥으로 빠져나가는 것을 막아야 하거든. 단열이 잘되는 집은 여름에는 시원하고, 겨울에는 따뜻해서 에너지를 절약할 수 있어.

뿐만 아니라 북극곰과 바다사자의 몸에서도 우리 열의 이동을 막는 구조를 찾을 수 있지. 이것도 나 열렬이가 잘 알려 줄게.

◀ 집의 외벽
벽과 벽 사이에 열전도율이 매우 낮은 스티로폼을 넣어 열의 전달을 막아.

▲ 이중창
두 개의 유리창 사이에 공기가 있어서 열이 잘 들어오거나 나가지 못해. 공기는 열전도율이 낮거든.

여러 가지 단열 장치

◀ **우주 비행선**
매우 빠른 속도로 지구의 대기층을 빠져나갈 때 열이 엄청나게 발생해. 그래서 바깥 부분은 단열이 잘되는 물질로 만들어져 있어.

▶ **소방복**
열전도율이 낮은 유리 섬유로 만들어. 그래서 불이 났을 때 뜨거운 열이 몸에 전달되는 것을 막아 줘.

▲ **피자 배달 가방**
두꺼운 단열재가 들어 있어 열이 바깥으로 빠져나가는 것을 막아. 그래서 피자가 오래도록 따뜻하게 유지될 수 있어.

▼ **바다사자**
피부 밑에 있는 지방층이 단열 작용을 해. 그래서 추운 지방에서도 체온을 일정하게 유지할 수 있어.

▲ **북극곰**
풍성한 털 사이에 공기가 들어 있어서 단열 작용을 해. 그래서 추운 북극에서도 체온을 일정하게 유지할 수 있어.

열은 어떤 일을 할까?

열은 금속 막대를 늘이고, 열기구를 하늘 높이 띄워.
그리고 초콜릿을 녹여 물렁하게 만들고
물을 사라지게도 하지.
마치 요술을 부리는 거 같지?
우리 열이 어떻게 요술을 부리는지 들어 볼래?

물질의 열팽창

나의 능력 가운데 하나는 모든 물질의 부피를 늘일 수 있다는 거야. 나는 기체와 액체는 물론이고, 단단한 고체 물질도 늘일 수 있지. 어떻게 내가 물질의 부피를 늘어나게 하는지 궁금하지?

물질을 가열하면 물질의 온도가 높아지기 시작해. 그러면 물질을 이루는 분자들의 운동이 활발해지고, 분자들 사이가 멀어져. 결국 분자들이 차지하고 있는 공간이 넓어지면서 물질의 부피가 늘어나지. 이렇게 열에 의해 물질의 부피가 늘어나는 것을 **열팽창**이라고 해.

열이 전달되어 물질의 온도가 높아지면 분자들의 운동이 활발해지면서 물질의 부피도 늘어나.

그런데 물질의 상태에 따라 열팽창하는 정도가 달라. 왜냐하면 분자들 사이에는 서로 끌어당기는 힘이 있는데, 물질의 상태와 종류에 따라 각각 끌어당기는 힘이 다르기 때문이야. 고체 상태는 분자들끼리 끌어당기는 힘이 가장 크고, 기체 상태는 분자들끼리 끌어당기는 힘이 거의 없어. 액체 상태는 고체와 기체 상태의 중간쯤이야.

분자들끼리 끌어당기는 힘이 큰 고체 상태에서는 분자들의 운동이 느리고, 분자들이 서로 멀어지기 힘들어. 그러니까 열에 의해 부피가 조금만 늘어나. 반대로 끌어당기는 힘이 거의 없는 기체 상태에

물질의 상태에 따른 열팽창 비교

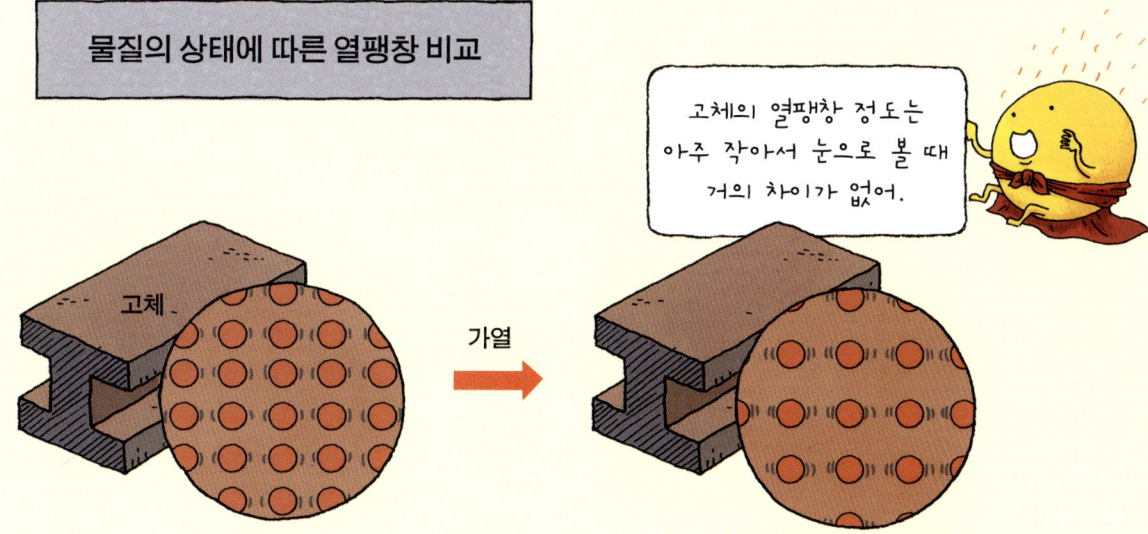

고체가 뜨거워지면 분자들이 앞뒤로 운동해. 그러면 분자들 사이의 간격이 조금씩 멀어지면서 부피가 약간 늘어나.

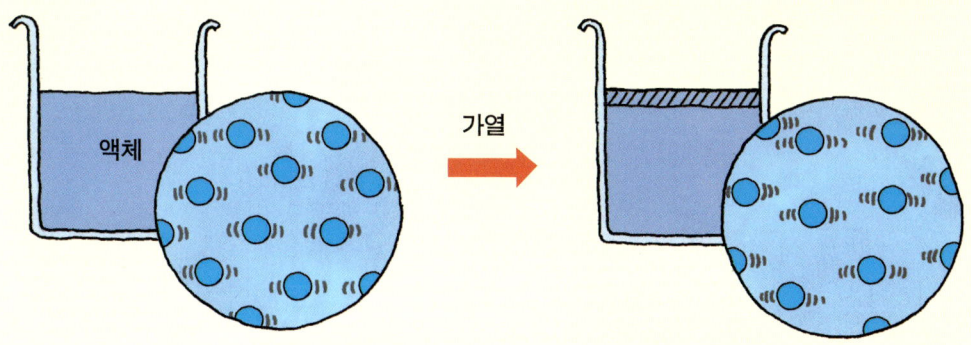

액체가 뜨거워지면 분자들이 더 많이 운동해. 그러면 분자들 사이의 간격이 멀어지면서 부피가 늘어나.

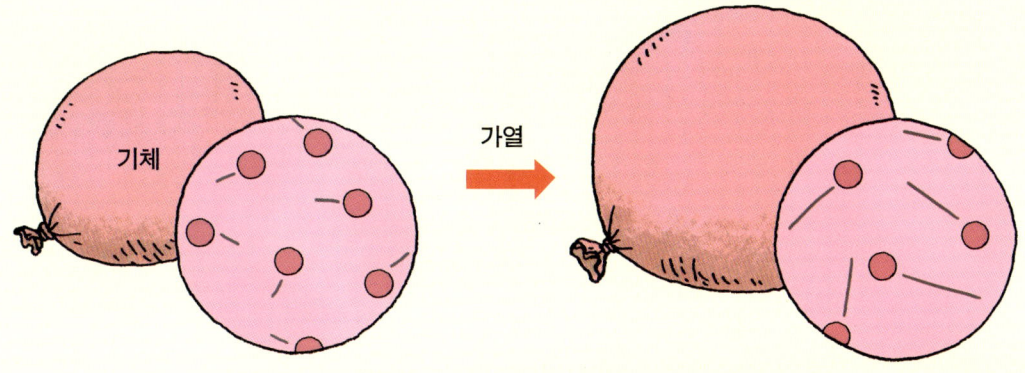

기체가 뜨거워지면 분자들이 매우 활발하게 운동해. 그러면 분자들 사이의 간격이 매우 멀어지면서 부피가 크게 늘어나.

서는 분자들이 활발하게 운동하고, 분자들 사이도 쉽게 멀어질 수 있어. 그래서 기체 상태에서는 열에 의해 부피가 많이 늘어나게 돼. 짐작했겠지만 액체 상태는 고체보다는 열팽창이 잘되지만, 기체보다는 잘 안 돼.

한마디로 물질의 분자 운동은 기체, 액체, 고체의 순서로 활발하고, 열팽창하는 정도도 역시 기체, 액체, 고체의 순서로 커.

자, 열팽창에 대해 알았으니 네 주변에서 어떤 열팽창이 일어나는지 한번 살펴볼까? 혹시 바람이 빠져 축 늘어진 풍선을 본 적 있니? 처음에는 공기가 가득 차 팽팽했는데 시간이 지나면서 쭈글쭈글하게 된 풍선 말이야. 다시 풍선을 팽팽하게 부풀릴 수 있는 방법은 없을까? 없긴 왜 없겠어! 아주 조금만 내가 도우면 돼.

쭈글쭈글한 풍선을 따뜻한 물에 담가 봐. 그러면 따뜻한 물이 가진 열이 풍선 안의 공기로 전달되어 풍선 속 공기 분자들이 빠르게 움직이게 돼. 공기 분자들이 활발하게 운동하면 공기가 차지하는 공간이 점점 넓어지면서 공기의 부피가 커져. 그래서 풍선이 다시 부풀게 되지. 어때, 아주 간단하지?

　1783년 프랑스에서는 대단한 볼거리가 있었어. 몽골피에 형제가 기체의 열팽창을 이용하여 만든 열기구에 사람이 타고 하늘을 날았던 거야. 열기구가 뭔지 알지? 하늘에 떠 있는 커다란 풍선 말이야. 요즘은 풍선 안에 공기보다 가벼운 헬륨 기체를 넣어서 열기구를 쉽게 떠오르게 해. 그런데 몽골피에 형제는 공기만으로 떠오르는 열기구를 만들었어.

열기구 풍선의 안쪽과 바깥쪽에 있는 공기는 공기의 무게나 성분이 같아. 하지만 풍선 안쪽의 공기 분자는 열을 받았기 때문에 매우 활발하게 운동하면서 분자들 사이의 간격이 매우 넓어져. 그래서 풍선이 부풀고 안쪽의 공기가 가벼워져서 열기구가 위로 떠올라.

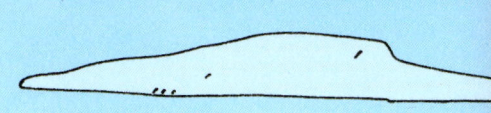

몽골피에 형제가 만든 열기구를 한번 볼까? 열기구는 아주 큰 풍선과 버너, 사람이 타는 바구니로 이루어져 있어. 열기구의 풍선은 아래쪽이 터져 있는데, 버너에 불을 붙이면 풍선이 부풀면서 열기구가 하늘로 떠오르지.

열기구가 하늘로 떠오르는 건 바로 우리 열 때문이야. 버너에 불을 붙이면 열이 생겨나고, 그 열이 풍선 안의 공기로 전달되어 공기가 뜨거워져. 풍선 안의 온도가 높아질수록 공기 분자들은 더 빠르게 움직이고, 공기 분자들이 활발하게 움직이면 분자들 사이의 거리가 멀어지면서 공기가 차지하는 공간이 늘어나. 그러면 공기의 부피가 늘어나서 풍선이 점점 부풀고 마침내 열기구가 하늘로 떠올라.

이번에는 액체가 열팽창하는 경우를 찾아볼까? 열팽창을 이용한 대표적인 기구가 바로 온도계야. 온도계에 알코올 온도계와 수은 온도계가 있다고 한 거 기억하지? 온도계 기둥이 붉은 것은 알코올이

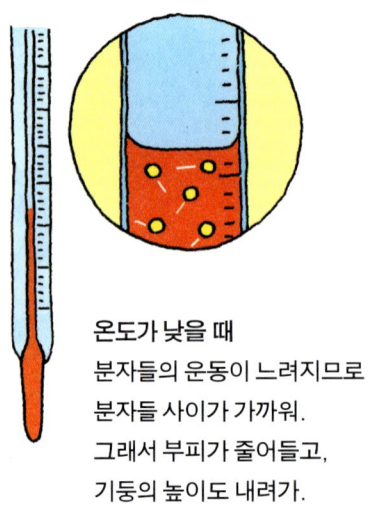

온도가 낮을 때
분자들의 운동이 느려지므로
분자들 사이가 가까워.
그래서 부피가 줄어들고,
기둥의 높이도 내려가.

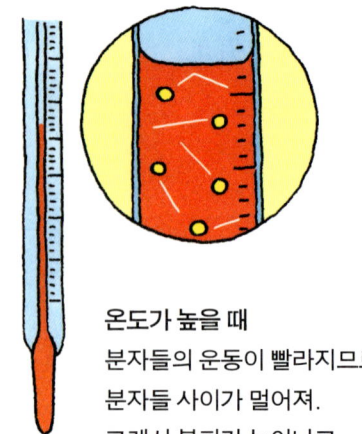

온도가 높을 때
분자들의 운동이 빨라지므로
분자들 사이가 멀어져.
그래서 부피가 늘어나고,
기둥의 높이도 올라가.

들어 있고, 기둥이 은색인 것은 수은이 들어 있어. 알코올과 수은은 모두 액체 상태로, 열을 받으면 분자들이 활발하게 운동하기 시작해. 분자들이 활발하게 운동할수록 분자들 사이의 거리가 점점 멀어지고, 알코올과 수은의 부피가 늘어나게 돼. 그러면 붉은색 알코올 기둥이나 은색 수은 기둥의 높이가 올라가는 거야.

열이 많아 온도가 높으면 알코올이나 수은의 부피가 늘어나기 때문에 온도계의 기둥이 위로 올라가고, 열이 적어 온도가 낮으면 알코올이나 수은의 부피가 줄어들기 때문에 온도계의 기둥이 아래로 내려가. 그래서 사람들은 온도계 기둥의 높이를 눈금으로 재서 온도를 측정해.

마지막으로 고체가 열팽창하는 경우를 찾아보자. 넌 기차가 다니는 철로를 본 적 있니? 만약 본 적이 있다면 철로의 이음새 부분이 어떻게 생겼는지 잘 기억해 봐. 그래, 철로는 이음새 부분이 조금씩 떨어져 있어. 이음새 부분이 떨어져 있으면 기차가 다닐 때 위험하지 않을까 생각할 수도 있지만, 오히려 철로에 빈틈이 없는 게 위험해. 철로를 만들 때 왜 이음새 부분을 벌려 놓는지 궁금하지?

여름에는 햇볕이 쨍쨍 내리쬐고 기온도 높아. 그래서 기차 철로가 뜨거워지지. 게다가 기차가 지나갈 때 철로와 기차 바퀴가 마찰하면서 열이 생길 테니 철로는 열을 많이 받을 거야. 철로는 금속으로 되어 있고, 열을 받으면 부피가 늘어나. 그래서 철로를 만들 때 이음새를 일부러 떨어뜨리는 거야. 만약 철로가 딱 맞게 연결되어 있으면 더운 여름날 철로가 늘어나면서 휘어져 큰 사고가 날 테니까. 어휴, 생각만 해도 무시무시하지? 사람들이 나의 능력을 알고 대비를 해 놓아 참 다행이야.

너 혹시 '열에 의해 고체의 부피가 늘어나 봤자 얼마나 되겠어.'라고 생각하는 건 아니지? 물론 쇠젓가락 정도의 길이라면 열팽창 정도를 눈으로 확인하기 어려울 거야. 하지만 에펠 탑이나 전봇대의 전선처럼 길이가 긴 경우엔 열팽창 정도를 확실히 알 수 있다고. 강하고 단단해 보이는 에펠 탑이 우리 열에 의해 늘어난다니 좀 놀랍지?

나는 단단한 철도 늘일 수 있어.

겨울에는 이음새 부분이 떨어져 있지만, 여름이 되면 철로가 열팽창하여 이음새 부분이 꼭 맞게 돼. 철로 1킬로미터를 기준으로 할 때 40~50센티미터나 차이가 나.

여름

겨울

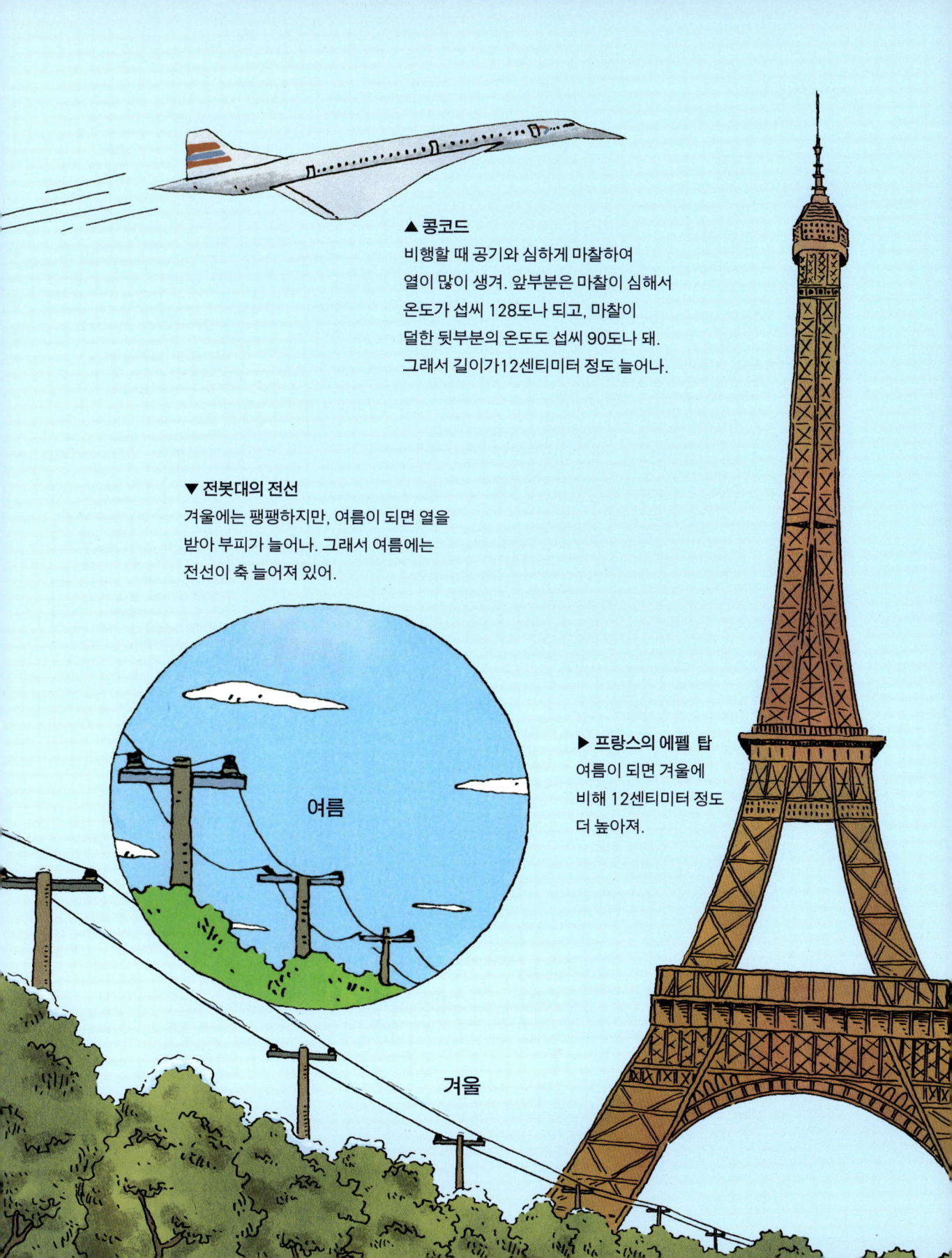

▲ 콩코드
비행할 때 공기와 심하게 마찰하여 열이 많이 생겨. 앞부분은 마찰이 심해서 온도가 섭씨 128도나 되고, 마찰이 덜한 뒷부분의 온도도 섭씨 90도나 돼. 그래서 길이가 12센티미터 정도 늘어나.

▼ 전봇대의 전선
겨울에는 팽팽하지만, 여름이 되면 열을 받아 부피가 늘어나. 그래서 여름에는 전선이 축 늘어져 있어.

여름

▶ 프랑스의 에펠 탑
여름이 되면 겨울에 비해 12센티미터 정도 더 높아져.

겨울

물질의 상태 변화

이제 나 열렬이의 두 번째 능력에 대해 이야기해 줄게. 나는 물질의 상태를 변화시킬 수 있어. 고체를 액체로, 액체를 기체로 만들 수 있지. 얼음이 녹아서 물이 되고, 물이 끓어서 수증기로 되는 것이 바로 나 열렬이 때문이야. 어떻게 이런 일이 일어나는지 이제부터 차근차근 이야기해 줄게. 귀를 쫑긋하고 잘 들어 봐.

고체 상태인 물질을 가열하면 물질 안에서는 어떤 변화가 일어날까? 그래, 잘 기억하고 있구나. 고체 물질의 온도가 높아지면서 분자들의 운동이 활발해져. 분자들은 서로 가까이 붙어서 제자리에서 조금씩 흔들흔들 움직이다가 온도가 높아지면 더 많이 움직이게 돼. 그러면서 고체 물질의 부피도 조금 늘어나겠지?

그런데 계속 고체 물질을 가열하면 어떻게 될까? 그럼 분자들의 운동이 더 활발해질 거야. 분자들은 바로 옆에 있는 분자들과 서로 조금씩 멀어지고 서로 끌어당기는 힘도 약해지면서 빙글빙글 돌기도 해. 고체 상태에서보다 좀 더 자유롭게 운동하는 거지. 마치 네가 꼭 잡고 있던 친구의 손을 세게 흔들면 꼭 잡았던 손이 느슨해지거나 너와 친구가 함께 비틀거리는 것처럼 말이야. 이렇게 분자들 사이의 거리가 멀어지면서 서로 끌어당기는 힘이 약해지면 고체 상태의 물질은 액체 상태로 변해. 이렇게 고체 상태의 물질이 열을 받아 액체로 되는 현상을 **융해**라고 하지.

액체 물질에 계속 열을 주면 어떻게 될까? 분자들은 더 빠르게 운동하며 서로의 거리가 점점 멀어질 거야. 분자들 사이의 끌어당기는 힘이 줄어들다가 결국 사라지게 되면 모든 분자들은 매우 자유롭게 운동해. 분자들 사이의 거리도 아주 멀어지지. 바로 기체 상태가 된 거야. 이런 현상을 기화라고 해. **기화**란 액체 상태의 물질이 열을 받아 기체로 되는 현상이야.

물질을 가열하면 분자들의 운동이 점점 활발해지면서 분자들 사이의 거리가 멀어져. 그러면서 물질의 상태가 고체에서 액체로, 액체에서 기체로 변하지.

딱딱한 고체 상태의 버터를 녹여서 물과 같은 액체 상태의 버터로 만드는 것은 물론이고, 아이스크림이나 눈을 녹이고, 물을 끓여 수증기로 만들고, 젖은 빨래를 보송보송하게 말리는 것 모두 나 열렐이가 하는 일이야.

그런데 거꾸로 기체 물질을 액체 상태로, 액체 물질을 고체 상태로 만들 수는 없을까? 하하, 물론 할 수 있지. 조금 전에 물질을 가열해서 고체를 액체 상태로, 액체를 기체 상태로 만들었잖아. 그 반대로 하면 돼. 바로 물질을 차갑게 만드는 거지.

기체 상태의 물질을 차갑게 만들면 온도가 낮아지면서 분자들의 움직임이 점점 느려져. 그리고 분자들 사이의 거리가 가까워지지. 그러다가 분자들이 끌어당기는 힘이 커지면 물질이 액체 상태가 되는 거야. 이러한 현상을 액화라고 해. **액화**란 기체 상태의 물질이 열을 내놓으면서 액체로 되는 걸 말해.

액체 물질을 차갑게 하면 어떻게 될까? 분자들의 움직임이 아주 느려지면서 서로의 거리가 아주 가까워질 거야. 그러면 분자들은 일정한 배열을 이루는 고체 상태가 돼. 이렇게 액체 상태의 물질이 열을 내놓으면서 고체로 되는 걸 응고라고 해.

물질을 차갑게 하면 물질의 상태가 기체에서 액체로, 액체에서 고체로 변해.

그런데 신기하게도 어떤 고체 물질은 열을 받았을 때 액체 상태가 되는 게 아니라 바로 기체 상태로 돼. 반대로 기체 상태에서 열을 내놓으면서 액체 상태를 거치지 않고 바로 고체 상태가 되기도 해. 이러한 현상을 **승화**라고 하는데, 승화가 일어나는 물질에는 의류의 방충제로 사용하는 나프탈렌이나, 아이스크림 포장에 사용하는 드라이아이스 등이 있어.

어때, 내 능력이 놀랍지? 이번에는 나의 엄청난 힘에 대해 이야기해 줄게. 난 바람을 불게 하고, 화산도 폭발하게 하거든.

드라이아이스

열에 의해 일어나는 자연 현상

여름철 바닷가를 떠올려 봐. 한낮의 바닷가에서는 햇볕이 쨍쨍 내리쬐고, 모래밭은 발을 딛지 못할 정도로 매우 뜨거워. 하지만 바닷물에 풍덩 몸을 담그면 아주 시원하지. 어때, 기억나니?

물과 모래는 성질이 좀 달라. 그래서 같은 양의 햇볕을 받아도 데워지는 정도가 다르지. 물보다 모래가 더 빨리 데워지기 때문에 한여름에 모래밭은 뜨겁고, 바닷물은 시원한 거야.

같은 양의 햇볕을 받으면 물보다 모래가 더 빨리 뜨거워져.

식을 때는 물보다 모래가 더 빨리 차가워지지.

낮에는 육지가 바다보다 뜨겁기 때문에 육지 위의 공기가 바다 위의 공기보다 따뜻해. 육지 위의 따뜻한 공기는 주변의 공기보다 가벼워서 위로 올라가지. 어디선가 들어 본 얘기지? 그래, 맞아. 바로 대류 현상이야. 위로 올라간 따뜻한 공기는 바다 위의 찬 공기를 밀어내고, 바다 위의 찬 공기는 무거워서 아래로 내려오면서 육지 쪽으로 밀려들어. 그래서 바다 쪽에서 육지 쪽으로 바람이 불게 돼. 이러한 바람을 **바닷바람(해풍)**이라고 해. 사람들은 시원한 바닷바람에 한낮의 더위를 식히지.

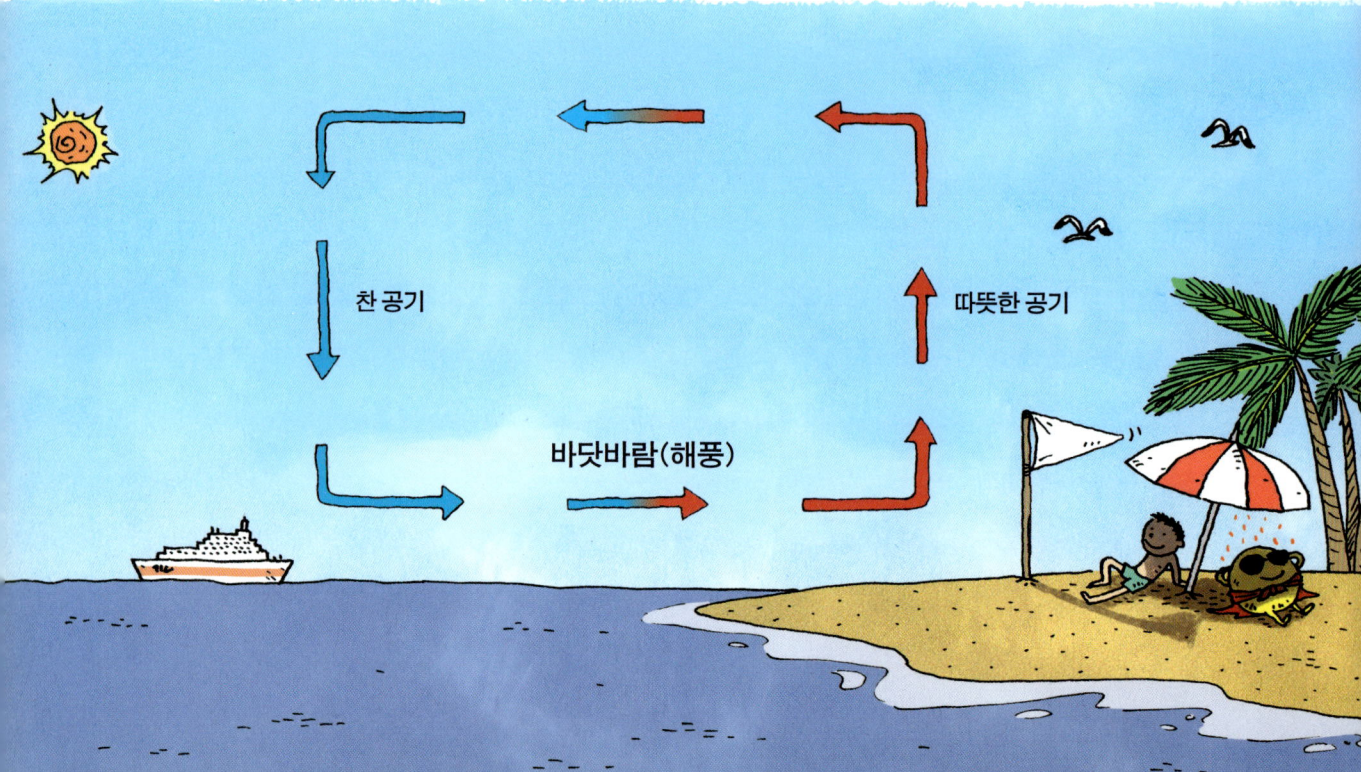

밤에는 이와 반대야. 모래가 물보다 빨리 식기 때문에 바다가 육지보다 따뜻해. 그래서 바다 위의 공기가 육지 위의 공기보다 따뜻하지. 바다 위의 따뜻한 공기는 주변의 공기보다 가벼워서 위로 올라가고, 육지 위의 찬 공기를 밀어내. 그리고 육지 위의 찬 공기는 무거워서 아래로 내려오면서 바다 쪽으로 밀려들지. 그래서 밤에는 육지 쪽에서 바다 쪽으로 바람이 불어. 이것이 바로 **뭍바람(육풍)**이야.

바닷바람과 뭍바람은 공기의 대류에 의해 열이 이동하면서 부는 거야. 만약 우리가 없다면 바람도 불지 않을 거야.

우리의 능력은 이게 다가 아니야. 사람들은 달갑지 않겠지만, 우리는 땅을 움직이고, 화산과 지진도 일어나게 하거든! 그건 바로 지구 속에 어마어마하게 많은 열이 있기 때문이지.

지구 속에는 맨틀이라는 부분이 있어. 맨틀은 암석으로 이루어져 있지만, 워낙 온도가 높아서 암석이 엿처럼 물렁물렁한 상태야. 그래서 맨틀 덩어리가 조금씩 움직이면서 대류 현상이 일어난단다. 맨틀 아랫부분의 물질이 뜨거워지면 가벼워져 위로 올라가고, 위로 올라간 물질은 옆으로 퍼지다가 식으면 무거워져 아래로 내려오지.

이러한 맨틀의 대류 현상 때문에 맨틀 위에 있는 판이 움직이면서 땅도 움직이고, 판이 충돌하면서 지진도 일어나. 그리고 대류에 의해 위로 올라온 맨틀 덩어리가 땅 위로 솟구치면서 화산도 폭발하지. 이게 모두 지구 내부에 있는 우리 열 때문에 일어나는 일이야.

무시무시하다고? 너무 무서워하지는 마. 지진이 일어나고, 화산이 폭발하는 건 지구가 왕성하게 활동하며 생기는 자연 현상이야. 우리 열과 지구에 대해 연구하면 지진과 화산의 피해를 줄이는 방법을 찾을 수 있으니까 걱정 마.

열의 성질 이용하기

내가 문제 하나 내 볼게. 전기밥솥, 전기다리미, 화재경보기의 공통점은 뭘까? 너무 어렵다고? 후후, 그럼 내가 알려 줄게. 이것들은 모두 고체의 열팽창을 이용하는 도구로, 바이메탈이 들어 있어. 내가 앞에서 열팽창이란 열에 의해 물질의 부피가 늘어나는 것이고, 물질의 종류에 따라 열팽창 정도가 다르다고 한 것 기억하니?

바이메탈은 열팽창 정도가 다른 두 금속을 붙여서 만든 장치로, 물질에 따라 열팽창 정도가 다름을 이용해. 그래서 바이메탈의 온도가 높아지면 열팽창이 잘되는 금속은 더 많이 늘어나고, 열팽창이 잘 안 되는 금속은 조금만 늘어나. 맞붙어 있는 두 금속의 길이가 서로 달라지기 때문에 덜 늘어나는 금속 쪽으로 바이메탈이 휘어지지. 바이메탈의 온도가 낮아지면 늘어났던 금속이 줄어드니까 바이메탈의 모양은 다시 원래의 상태로 돌아와.

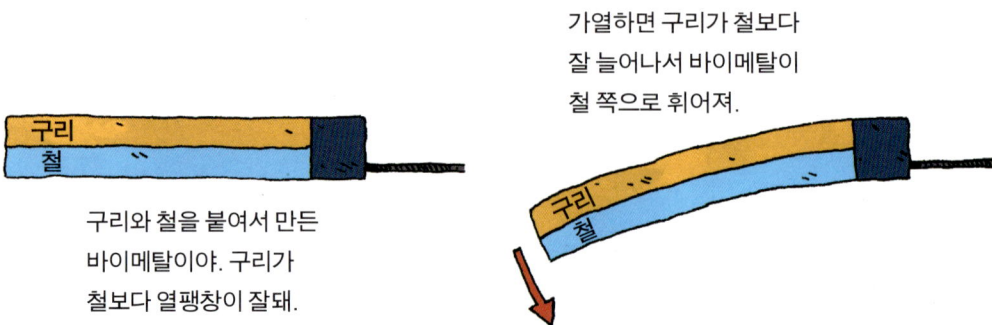

구리와 철을 붙여서 만든 바이메탈이야. 구리가 철보다 열팽창이 잘돼.

가열하면 구리가 철보다 잘 늘어나서 바이메탈이 철 쪽으로 휘어져.

온도를 일정하게 유지하는 바이메탈

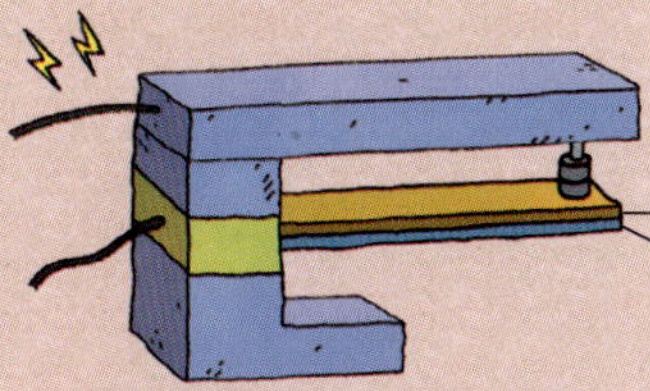

구리
철

적정 온도보다 낮을 때는 바이메탈이 휘어지지 않으니까 전원이 들어와.

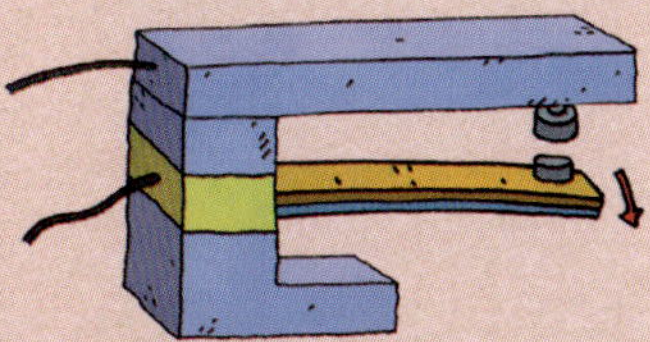

적정 온도보다 높아지면 바이메탈이 철 쪽으로 휘어져. 그러면 전원이 꺼지게 돼.

전기밥솥 밥을 짓고 보온할 때 알맞은 온도를 유지해.

전기다리미 옷감의 종류에 따라 온도를 알맞게 맞추면 그 온도가 유지돼.

온도가 높아지면 작동하는 바이메탈

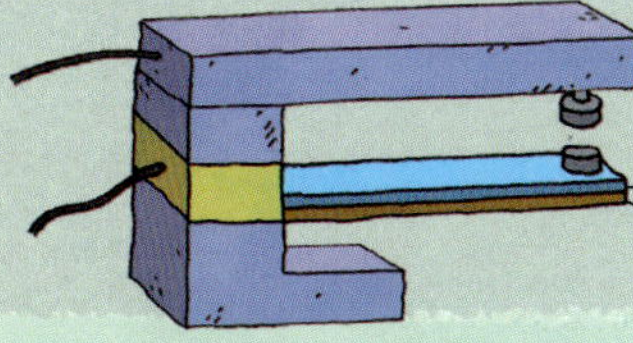

철
구리

평소에는 화재경보기의 전원이 꺼져 있어.

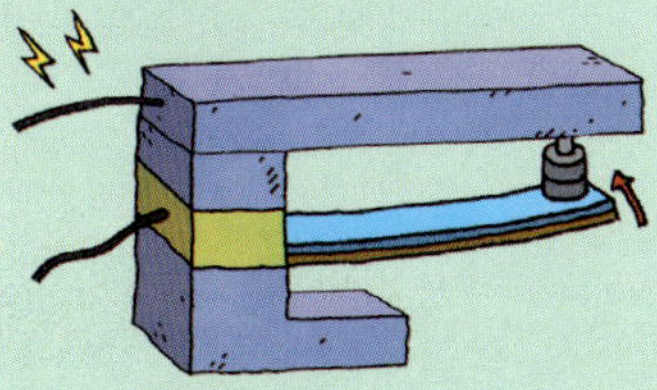

온도가 높아지면 바이메탈이 철 쪽으로 휘어지면서 화재경보기의 전원이 들어와.

화재경보기 불이 나서 온도가 높아지면 시끄러운 소리를 내 화재를 알려.

절대 따라 하면 안 돼.

전기밥솥에 들어 있는 바이메탈은 구리와 철을 붙여서 만들어. 오랫동안 전기가 흘러서 열이 많이 나면 구리는 많이 늘어나고, 철은 조금만 늘어나게 돼. 그래서 철이 있는 쪽으로 휘게 돼. 바이메탈이 휘면 전선에서 떨어지게 되어 자동으로 전원이 꺼지는 거야.

전원이 들어오지 않아 바이메탈의 온도가 낮아지면, 바이메탈이 다시 원 상태로 돌아오니까 전원이 다시 자동으로 들어와. 이런 원리 때문에 바이메탈은 자동 온도 조절 장치로 많이 사용돼.

나를 이용하는 장치를 하나 더 소개할게. 바로 냉장고야. 냉장고는 물질의 상태 변화를 이용해 온도를 낮추는 장치야. 액체 상태인 냉매가 기체 상태로 변하면서 주변의 열을 흡수하는 원리를 이용하지. 참, 냉매가 뭔지 알려 주는 걸 깜박했구나. **냉매**란 다른 물질로부터 열을 빼앗아 그 물질을 차갑게 하는 물질이야. 액체 상태인 냉매가 냉장고 안의 열을 흡수해서 기체 상태가 되면, 냉장고 안은 냉매에게 열을 빼앗겨서 온도가 내려가. 그래서 냉장고 안에 넣어 둔 음료수가 시원해지는 거야.

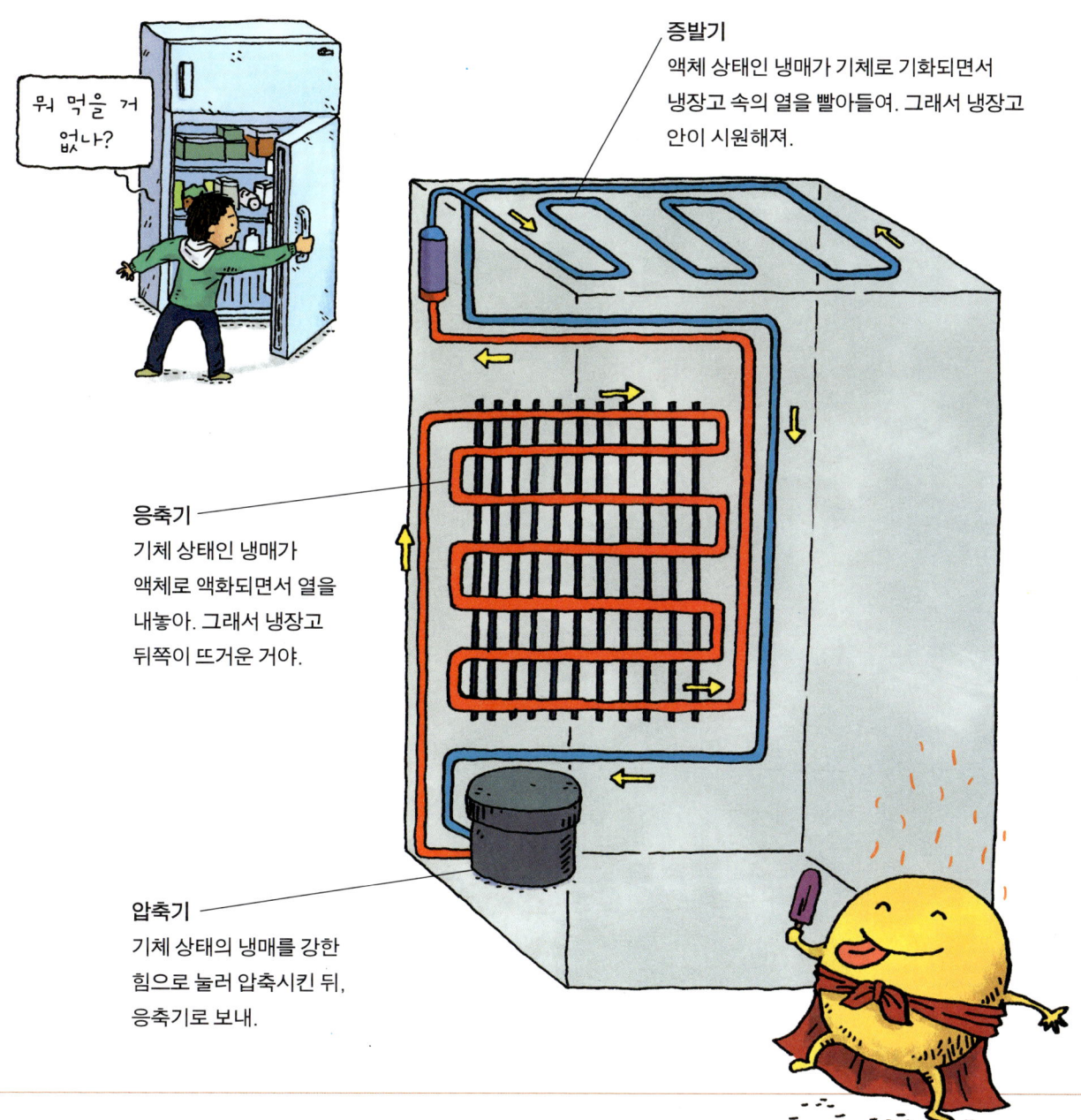

열에너지의 변신

우리의 요술은 아직 안 끝났어. 우리는 다른 에너지로 변신하면서 여러 가지 일을 한단다. **에너지**란 일을 할 수 있는 능력으로, 열에너지, 운동 에너지, 전기 에너지, 빛 에너지 등이 있어.

내가 다른 에너지로 변신하면서 일하기 전에 먼저 간단한 마술을 하나 보여 줄게.

내 얘기는 여기까지야. 단순히 뜨겁고 더운 기운이라고만 생각했던 우리가 많은 일을 할 수 있다는 게 놀랍지 않니? 우리 열은 눈에 보이지는 않아도 항상 네 곁에서 많은 일을 하고 있단다.

넌 지금 무엇을 하고 있니? 책을 읽으며 엄마가 만드는 간식을 기다리고 있니? 친구들과 공놀이를 하기 위해 밖으로 나가려고 하니? 아니면 숙제를 하려고 연필을 깎고 있니? 엄마의 간식 속에도, 친구들과 뻥뻥 차는 공 속에도, 그리고 땀 흘리는 네 몸속에도, 깎이는 연필 속에도 내가 있어. 그러니까 네가 무엇을 하든지 우리 열을 아끼고 잘 이용해 주렴. 이 책을 읽은 넌 틀림없이 그럴 거라 믿어.

사람들이 나에 대해 더 많이 알아 가고, 나를 이용하는 방법을 다양하게 연구할수록 사람들의 생활은 더 편리하고 행복해질 거야. 나 열렬이가 장담해.

마치며

나의 이야기가 어땠어?
내가 네 주변에서, 공기 중에서, 지구에서,
그리고 우주에서도 열심히 일하는 걸 잘 알았니?
항상 부지런히 일하는 열렬이를 잊지 말아 줘.
이제 야무진 과학씨로 돌아갈 시간이야.
야무진 과학씨로 돌아가면
좀 더 알뜰한 에너지가 되는 방법을
연구해야겠어. 안녕!

단열 온도가 다른 물체 사이에서 열의 이동을 막는 거야. 단열을 하려면 열이 잘 전도되지 않는 물질을 사용하거나, 열이 쉽게 이동하지 않도록 만들어.

대류 온도가 높은 액체와 기체 물질은 분자 운동이 활발하니까 부피가 커져서 가벼워. 그래서 위로 올라가게 되지. 반대로 온도가 낮은 액체와 기체 물질은 분자 운동이 느리니까 부피가 작아져서 무거워. 그래서 아래로 내려오게 돼. 이렇게 액체와 기체 물질이 직접 이동하면서 열을 전달하는 방법을 대류라고 해.

복사 열이 빛의 형태로 이동하는 방법이야. 중간에서 열을 전달해 주는 물질이 없을 때 일어나지. 태양열은 복사에 의해 지구까지 전달돼.

열 물질을 이루는 분자들이 운동하는 에너지를 말해. 분자들의 운동이 활발하면 열이 많고, 온도가 높아. 그러나 분자들의 운동이 느리면 열이 적고, 온도가 낮지.

열팽창 물질이 열을 받아 온도가 높아지면 부피가 늘어나는 것을 말해. 열을 받은 물질은 분자들의 운동이 활발해져서 분자들 사이의 거리가 멀어지기 때문에 부피가 늘어나.

열평형 온도가 다른 두 물체가 맞닿으면 열은 온도가 높은 쪽에서 낮은 쪽으로 이동해. 그러다 두 물체의 온도가 같아져서 더 이상 열이 이동하지 않는 상태가 바로 열평형이야.

온도 물체의 차고 뜨거운 정도를 의미하며, 물질을 이루는 분자의 운동 에너지를 숫자로 나타낸 거야. 물체를 만졌을 때 차가운지, 따뜻한지를 느끼는 것은 사람마다 다를 수 있으므로 온도를 기준으로 해야 차고 뜨거운 정도를 정확히 측정할 수 있어.

전도 주로 고체 물질에서 열이 이동하는 방법이야. 고체의 한쪽을 가열하면 열을 받은 쪽의 분자들이 활발하게 움직이고, 활발하게 움직이는 분자들은 옆의 분자들과 부딪치면서 열을 옆으로 전달해. 이러한 현상이 전도야.

감수자의 말

물질 속 알갱이의 운동 에너지, 열

열은 우리 생활과 밀접하지만 열이 무엇인지 이해하는 건 쉽지 않아요. 그건 과학자들이 오랫동안 열에 대해 논쟁을 벌인 것만 봐도 잘 알 수 있지요. 처음에 과학자들은 열을 열소라는 물질의 화학 작용으로 생각했어요. 영어에서는 '뜨겁다'와 '맵다'를 모두 hot이라는 단어로 나타내는데, 그것은 뜨겁다고 느끼는 것과 맵다고 느끼는 것이 모두 물질의 화학 작용 때문이라고 생각했기 때문이에요.

그러나 많은 실험을 통해 과학자들은 물질을 구성하는 알갱이들의 운동 에너지가 열이라는 걸 알게 되었어요. 물론 물질이 분자와 원자로 이루어졌다는 걸 알게 된 후에 밝혀진 일이지요. 마침내 열의 정체를 알게 되자 사람들은 주위에서 일어나는 자연 현상을 제대로 이해할 수 있게 되었고, 열을 생활에 이용할 수도 있게 되었어요.

열을 가장 효율적으로 이용하는 도구는 열기관일 거예요. 물을 끓일 때 나오는 수증기를 이용하여 기계를 움직이는 증기 기관과 연료를 태울 때 나오는 열을 이용하여 큰 물체를 움직이는 엔진은 모두 열기관이에요. 많은 사람들이 타고 다니는 자동차도 열기관으로 움직이지요. 열기관은 세상을 움직이는 힘을 제공하고, 열기관을 이용하면서 세상은 크게 변했어요.

열기관 외에도 열과 관련된 것들은 아주 많아요. 일상생활에서 일어나는 작은 일부터 우주처럼 큰 공간에서 일어나는 자연 현상까지 모두 열과 관련이 있어요. 우주의 탄생과 별의 진화, 태양과 지구를 포함한 태양계의 형성, 지구에서의 생명의 진화에도 열은 깊숙이 관련되어 있지요. 따라서 일상생활을 편리하게 하기 위해서뿐만 아니라 우주에서 일어나는 자연 현상을 이해하기 위해서도 열에 대해 잘 알아야 해요.

이 책에는 열의 의미와 열과 관련된 여러 현상들이 잘 설명되어 있어요. 열을 이해하기 어려운 이유는 열이 눈으로는 볼 수 없는 작은 알갱이인 분자나 원자의 운동과 관련되어 있기 때문이에요. 따라서 열을 설명하려면 분자의 운동에 대해 잘 설명해야 할 필요가 있어요. 이 책에서는 분자의 운동이 적절한 수준에서 잘 설명되어 있어서 분자 수준에서 열의 의미를 쉽게 이해할 수 있어요. 그리고 그것을 바탕으로 열의 전달 방법, 열과 물질의 상태 변화, 그리고 열과 자연 현상 사이의 관계까지 알 수 있지요. 이 책에서 배운 열에 대한 지식은 나중에 우주 전체를 이해하는 밑바탕이 될 수 있을 거예요.

일러두기
- 맞춤법, 띄어쓰기는 국립국어원에서 펴낸 《표준국어대사전》을 기준으로 삼았습니다.
- 외국 인명, 지명은 국립국어원의 《외래어 표기 용례집》을 따랐습니다. 《외래어 표기 용례집》에 나오지 않는 인명, 지명은 현지음에 가깝게 적었습니다.